फिल्म जगत् के पितामह
दादासाहेब फाल्के

फिल्म जगत् के पितामह
दादासाहेब फाल्के

सुकेश कुमार

ग्रंथ अकादमी, नई दिल्ली

प्रकाशक : ग्रंथ अकादमी,
भवन संख्या-19, पहली मंजिल, 2, अंसारी रोड, दरियागंज, नई दिल्ली-110002
 / संस्करण : प्रथम, 2023 /

ISBN 978-93-92013-39-3

Film Jagat ke Pitamaha DADASAHEB PHALKE
by Shri Sukesh Kumar
Published by **GRANTH AKADEMI**
Building No. 19, First Floor, 2, Ansari Road, Daryaganj, New Delhi-110002

“सेलिब्रिटीज आते-जाते
रहेंगे, लेकिन जब तक
सिनेमा जिंदा रहेगा,
दादासाहेब फाल्के
को याद किया
जाता रहेगा।”

अपनी बात

भारत सरकार की ओर से सिनेमा में उल्लेखनीय योगदान के लिए सिनेमा का सबसे बड़ा पुरस्कार—'दादासाहेब फाल्के पुरस्कार' दिया जाता है। दु:खद बात यह है कि भारतीय सिनेमा की शुरुआत करनेवाले दादासाहेब की पहचान आज सिर्फ एक पुरस्कार के नाम तक ही सीमित रह गई है। उनके बारे में इस वाक्य से ज्यादा जानने की जरूरत न ही सिनेप्रेमी महसूस करते हैं और न ही फिल्म जगत् के लोग। यह बिल्कुल वैसा ही रवैया है कि कोई इतिहास जानकर क्या कर लेगा, इतिहास से होता क्या है? लेकिन इतिहासकारों और समाजशास्त्रियों का मानना है कि जो समाज इतिहास से सीखता है, उसमें अपने आज और कल को बेहतर करने की संभावना अधिक रहती है। सिर्फ सौ साल पुराने भारतीय सिनेमा के इतिहास पर भी यह बात फिट बैठती है।

भारतीय सिनेमा के जनक दादासाहेब फाल्के का जीवन संघर्षों भरा रहा है। वे हमेशा सिनेमा की बेहतरी और उसे आगे बढ़ाने के लिए प्रयासरत रहे। उन्होंने पूरा जीवन सिनेमा को समर्पित कर दिया। उनके इस योगदान और समर्पण को देखते हुए आगे चलकर भारत सरकार द्वारा सिनेमा में महत्त्वपूर्ण योगदान के लिए 'दादासाहेब फाल्के पुरस्कार' की घोषणा की गई। यह

पुरस्कार सन् 1969 से प्रतिवर्ष सिनेमा के क्षेत्र में महत्त्वपूर्ण योगदान के लिए दिया जाता है।

दादासाहेब ने भारत में सिनेमा की ऐसी मजबूत नींव रखी, जिसने आगे चलकर विश्वपटल पर भारतीय सिनेमा को गौरवान्वित किया। सिनेमा में इसी महत्त्वपूर्ण योगदान के लिए दादासाहेब फाल्के को 'भारतीय सिनेमा का जनक' कहा जाता है।

नीरसता का जीवन व्यतीत कर रहे दादासाहेब के जीवन में तब एक निर्णायक मोड़ आया, जब उन्होंने क्रिसमस के दौरान सन् 1910 में मुंबई के एक थिएटर में प्रभु यीशु के जीवन पर आधारित एक फिल्म 'द लाइफ ऑफ क्राइस्ट' देखी। यही वह समय था, जब दादासाहेब फाल्के के मन में 'द लाइफ ऑफ क्राइस्ट' देखकर प्रभु यीशु की जगह भगवान् श्रीकृष्ण और श्रीराम घूम रहे थे। यह चिंतन भविष्य में मूर्त रूप लेनेवाला था और भारत में एक नई कला का उदय होने जा रहा था—एक नए इतिहास का उदय।

'द लाइफ ऑफ क्राइस्ट' फिल्म देखने के बाद दादासाहेब फाल्के के मनोसंसार में एक हलचल-सी उत्पन्न होने लगी और भविष्य में स्वयं के द्वारा बनाई जानेवाली फिल्मों की तसवीर उनके मन-मस्तिष्क में घूमने लगी। 'द लाइफ ऑफ क्राइस्ट' को दादासाहेब ने कई बार देखा और अपनी पत्नी सरस्वती को भी दिखाया। 'द लाइफ ऑफ क्राइस्ट' का ही प्रभाव था कि उन दिनों जब तक दादासाहेब फाल्के मुंबई के सभी सिनेमाघरों में लगी फिल्में नहीं देख लेते थे, तब तक वे चैन से नहीं बैठते थे।

दादासाहेब फाल्के ने फिल्म-निर्माण प्रक्रिया का आरंभ मटर के एक पौधे से किया। उन्होंने एक गमले में मटर का एक पौधा बो दिया और वे रोज उसके विकसित होने के चित्र लेते रहे। यह प्रक्रिया एक लंबे समय तक चली, जब तक कि वह मटर का पौधा पूर्ण रूप से विकसित नहीं हो गया।

इस प्रकार यह दादासाहेब फाल्के की पहली फिल्म 'मटर के पौधे का विकास' बनकर तैयार हुई। यह वह फिल्म थी, जिसे दिखाकर दादासाहेब

ने अपनी बीमा पॉलिसी पर बाजार की दर पर फिल्म-निर्माण करने हेतु पैसा उधार लिया।

फिल्म-निर्माण सामग्री को क्रय करने के लिए दादासाहेब लंदन गए। उस समय विदेशों में फिल्म-निर्माण की प्रक्रिया को गुप्त रखा जाता था। दादासाहेब के लिए यह सुखद संयोग ही रहा कि प्रख्यात फिल्मकार सेसिल हेपवर्थ ने उन्हें न केवल फिल्म-निर्माण प्रक्रिया के महत्त्वपूर्ण बिंदुओं से परिचित कराया, अलबत्ता उन्हें अपना स्टूडियो दिखाया, जोकि ट्रिक फोटोग्राफी के लिए उस समय प्रसिद्ध था।

फिल्मकार सेसिल हेपवर्थ ने दादा की फिल्म-निर्माण प्रक्रिया के प्रति रुचि को देखते हुए स्टूडियो के विभिन्न भागों से भी परिचित कराया। यही वह समय था, जब दादासाहेब फाल्के ने फिल्म-निर्माण प्रक्रिया की गहराइयों को बारीकी से समझा। उस समय फिल्म की रील में छेद करना महत्त्वपूर्ण काम माना जाता था, क्योंकि यह कार्य घुप अँधेरे कमरे में किया जाता था। रोशनी की एक भी किरण फिल्म को खराब कर देती थी और फिल्म में किया गया छेद अगर थोड़ा भी इधर-उधर हुआ तो फिल्म चलते समय कैमरे या प्रोजेक्टर में फँस जाती थी। यह जिम्मेदारीपूर्ण कार्य भी दादा बड़ी आसानी से कर लेते थे।

लंदन से लौटकर दादासाहेब फाल्के पहली भारतीय फिल्म बनाने के लिए विषय का चुनाव करने लगे। चूँकि फिल्म 'द लाइफ ऑफ क्राइस्ट' देखते समय फाल्के के दिमाग में भगवान् श्रीकृष्ण और श्रीराम की कल्पना की थी, लेकिन इन पर फिल्म बनाने के लिए अधिक धन और पात्रों (कलाकारों) की आवश्यकता होती, इस कारण फाल्के ने प्रथम फिल्म के विषय के रूप में 'राजा हरिश्चंद्र' को चुना। बाद की कहानी सबको मालूम ही है।

फिल्म-निर्माण के दौरान फाल्के ने अपनी प्रतिभा तथा अनुभव के बल पर सेट लगाने, दृश्य लेखन, फिल्म धोने तथा संपादन जैसे अनेक कार्य खुद ही किए। उनके पास फिल्म-निर्माण संबंधी बारीकियों को समझनेवाली अद्‍भुत दृष्टि थी और साथ में बेमिसाल तकनीकी ज्ञान।

फिल्म-निर्माण के दौरान शायद ही वे किसी दिन तीन घंटे से ज्यादा सो पाए थे। इसका असर यह हुआ कि वे करीब-करीब अंधे हो गए। लेकिन उनके डॉक्टर के उपचार और तीन-चार चश्मों की मदद से वे इस लायक हो पाए कि फिल्म बनाने को लेकर अपने जुनून में जुट पाए।

भारतीय सिनेमा का कारोबार आज करीब डेढ़ अरब का हो चला है और हजारों लोग इस उद्योग में लगे हुए हैं, लेकिन दादासाहेब फाल्के ने महज 20-25 हजार की लागत से इसकी शुरुआत की थी। उस वक्त इतनी रकम भी एक बड़ी रकम होती थी। विदेशों में जो फिल्में बन रही थीं, उसकी तुलना में फिर भी यह रकम काफी कम थी। इसे जुटाने के लिए फाल्के साहेब को अपने एक दोस्त से कर्ज लेना पड़ा था और अपनी संपत्ति-गहने आदि एक साहूकार के पास गिरवी रखने पड़े थे।

29 वर्षों के अपने कॅरियर में दादासाहेब फाल्के ने कुल 95 फिल्में और 26 लघु फिल्में बनाईं। सन् 1937 में आई 'गंगावतरण' उनकी आखिरी फिल्म थी। यह उनकी पहली और आखिरी बोलती फिल्म भी थी, हालाँकि यह फिल्म असफल रही।

सन् 1944 में एक गुमनाम शख्स की तरह उनकी मौत हो गई, जबकि तब तक उनका शुरू किया हुआ कारवाँ काफी आगे निकल चुका था और फिल्मी दुनिया की बदौलत कुछ शख्सियतों ने अपना बड़ा नाम और पैसा कमा लिया था।

प्रस्तुत पुस्तक में धुंडीराज गोविंद फाल्के उर्फ दादासाहेब फाल्के की वही संघर्ष-गाथा मोती के मनकों की तरह क्रमिक रूप से पिरोई गई है। फिल्मों के प्रति उनके जुनून ने ही भारतीय फिल्म उद्योग की नींव रखी और उसे मजबूती प्रदान की। आज भारतीय फिल्म उद्यम विश्व में सबसे बड़ा फिल्म उद्यम है। इसकी नींव की ईंट बने दादासाहेब को शत-शत नमन!

—सुकेश कुमार

अनुक्रम

दादासाहेब फाल्के : सार-संक्षेप

दादासाहेब फाल्के को भारतीय सिनेमा का जनक कहा जाता है। वे भारत के सबसे पहले फिल्म प्रोड्यूसर, डायरेक्टर और मूवी राइटर थे। दादासाहेब फाल्के का जन्म 30 अप्रैल, 1870 को नासिक के निकट त्र्यंबकेश्वर नामक तीर्थस्थल में हुआ। दादासाहेब का पूरा नाम धुंडीराज गोविंद फाल्के था और वे एक ब्राह्मण मराठी परिवार से आते थे। उनके पिता नासिक के जाने-माने विद्वान् थे और मुंबई के एलफिंस्टन कॉलेज में प्राध्यापक थे।

दादासाहेब फाल्के की शुरू से ही कला के क्षेत्र में बहुत रुचि थी। इसी के चलते सन् 1885 में 15 वर्ष की आयु में दादासाहेब फाल्के ने जे.जे. स्कूल ऑफ आर्ट्स, मुंबई में दाखिला लिया। उस समय यह कला का सबसे बड़ा शिक्षा केंद्र था। जे.जे. स्कूल ऑफ आर्ट्स में चित्रकला सीखने के बाद 1890 में उन्होंने बड़ौदा के प्रसिद्ध महाराजा सयाजीराव विश्वविद्यालय में दाखिला लिया। यहाँ उन्होंने चित्रकला के साथ फोटोग्राफी और स्थापत्य कला का अध्ययन किया।

कला और फोटोग्राफी की पढ़ाई पूरी करने के बाद उन्होंने फोटोग्राफर का काम शुरू कर दिया, जिससे कि घर-गृहस्थी का काम चल सके।

शुरुआत उन्होंने गुजरात के एक छोटे शहर गोधरा से की। लेकिन उन्हें यह काम बीच में ही छोड़ना पड़ गया, क्योंकि उसी दौर में फैले प्लेग में उनकी पत्नी और बच्चे की मौत हो गई। इस सदमे को वे बर्दाश्त नहीं कर पाए और गोधरा में काम छोड़ दिया।

1903 में फाल्के भारतीय पुरातत्त्व सर्वेक्षण विभाग में मानचित्रकार बन गए, लेकिन 1905 के स्वदेशी आंदोलन के चलते उन्होंने राजकीय सेवा छोड़ दी।

दरअसल दादासाहेब फाल्के ने अपने जीवन में अनेक कार्य किए—

- भारतीय पुरातत्त्व सर्वेक्षण विभाग में कार्य,
- जर्मनी से मशीन लाकर अपनी प्रिंटिंग प्रेस लगाई,
- मासिक पत्रिका का प्रकाशन किया।

सन् 1911 में जब उन्हें ईसा मसीह के जीवन पर आधारित एक फिल्म देखने का अवसर मिला तो उनका मन फिल्मों की तरफ बहुत आकर्षित हो गया। वह मूक फिल्मों का दौर था। ऐसी फिल्में, जिनमें कोई आवाज नहीं होती थी, बस चेहरे के भाव से दर्शकों को अपनी ओर आकर्षित करना होता था।

'द लाइफ ऑफ क्राइस्ट' मूवी देखकर दादासाहेब फाल्के बहुत प्रभावित हुए। उनके मन में विचार आया कि क्यों न अपने देश के महापुरुषों और देवी-देवताओं के जीवन-दर्शन पर फिल्म बनाई जाए। यही सोच दादासाहेब फाल्के को फिल्म-निर्माण की ओर ले गई।

पहली फिल्म : राजा हरिश्चंद्र

अपनी स्वभावगत प्रकृति के चलते प्रथम भारतीय चलचित्र बनाने का असंभव कार्य करनेवाले वे पहले व्यक्ति बने। फरवरी 1912 में फिल्म प्रोडक्शन में एक क्रैश कोर्स करने के लिए वे इंग्लैंड गए और एक सप्ताह तक सेसिल हेपवर्थ के अधीन काम सीखा। कैबाउर्न ने विलियमसन कैमरा,

एक फिल्म परफोरेटर, प्रोसेसिंग और प्रिंटिंग मशीन जैसे यंत्रों तथा कच्चे माल का चुनाव करने में मदद की।

फाल्के ने 1912 में अपनी पहली फिल्म 'राजा हरिश्चंद्र' बनाई, जो एक मूक फिल्म और देश की पहली फीचर फिल्म थी। फिल्म के निर्माण में लगभग 15 हजार रुपए खर्च हुए। उस समय यह एक बहुत बड़ी राशि थी। फाल्के ने किसी तरह फिल्म पूरी की तो इसका प्रदर्शन एक बड़ी समस्या बन गया। उन दिनों नाटकों का बोलबाला था। दो आने में लोग छह घंटे के नाटक का आनंद लेते थे। ऐसे में तीन आने खर्च कर एक घंटे की फिल्म कौन देखता!

शायद यही वजह थी कि फाल्के ने दर्शकों को आकर्षित करने के लिए एकदम नए ढंग से इसका विज्ञापन किया। 'सिर्फ तीन आने में देखिए, दो मील लंबी फिल्म में 57 हजार चित्र'। भारत की पहली फिल्म 'राजा हरिश्चंद्र' का विज्ञापन कुछ इसी प्रकार का था। 3 मई, 1913 को मुंबई के कोरोनेशन थिएटर में इसे दर्शकों के लिए प्रदर्शित किया गया। दर्शक एक पौराणिक गाथा को चलते-फिरते देखकर 'वाह-वाह' कर उठे। भारत की पहली फिल्म दर्शकों के सामने थी। इस चलचित्र में दत्तात्रेय दामोदर डाबके स्वयं नायक (हरिश्चंद्र) बने और रोहिताश्व की भूमिका दादासाहेब के 7 वर्षीय पुत्र भालचंद्र फाल्के ने निभाई।

मूक फिल्म होने के कारण परदे के पीछे से पात्रों का परिचय और संवाद आदि बोले जाते थे। उस समय महिलाओं के किरदार पुरुष ही किया करते थे, इसलिए फिल्म में रानी तारामती की भूमिका अन्ना सालुंके नामक युवक ने निभाई।

अपनी अगली दो और पौराणिक फिल्में 'मोहनी भस्मासुर' और 'सावित्री सत्यवान' प्रोड्यूस कीं। फिर उनकी प्रत्येक फिल्म के प्रिंट जारी होने लगे, यह उनके लिए एक बड़ी उपलब्धि थी। इन फिल्मों में दादासाहेब फाल्के ने अपनी फिल्मों में कुछ स्पेशल इफेक्ट भी डाले, जोकि दर्शकों द्वारा काफी पसंद किए गए। इसके अलावा फिल्मों में ट्रिक फोटोग्राफी भी दर्शकों द्वारा काफी पसंद की गई।

दादासाहेब ने पौराणिक फिल्म के चमत्कारपूर्ण दृश्यों को दिखाने के लिए फिल्मों की विषय-वस्तु और ट्रिक फोटोग्राफी में काफी नए परिवर्तन किए। दादासाहेब फाल्के ने उस दौर में अपनी फिल्मों में तमाम नए प्रयोग किए और फिर सन् 1917 में उन्होंने 'हिंदुस्तान फिल्म कंपनी' की नींव रखी और कई फिल्में बनाईं।

मूक फिल्मों से बोलती फिल्मों की ओर ले जाने का श्रेय दादासाहेब फाल्के को ही जाता है। दादा ने भारत की पहली स्वदेशी फीचर फिल्म का निर्माण किया। वस्तुतः वे फिल्मों के जनक हैं।

सन् 1932 में प्रदर्शित हुई 'सेतुबंधन' फाल्के की अंतिम मूक फिल्म थी। इसके बाद वे एक तरह से फिल्मी दुनिया से बाहर रहने लगे। संकल्प के धनी फाल्के ने एक बार फिर सवाक् फिल्म 'गंगावतरण' (1937) से सिनेमा जगत् में लौटने का प्रयास किया। कोल्हापुर नरेश के आग्रह पर 1937 में दादासाहेब ने अपनी पहली और अंतिम सवाक् फिल्म 'गंगावतरण' बनाई, लेकिन उनका जादू नहीं चल सका। 'गंगावतरण' उनकी पहली और अंतिम सवाक् फिल्म थी।

यादगार फिल्में

अपने 25 वर्षों के फिल्मी सफर में दादासाहेब फाल्के ने 1913 से लेकर 1938 तक लगभग 125 फिल्मों का निर्माण किया। उनकी कुछ यादगार फिल्मों में शामिल हैं—

• राजा हरिश्चंद्र (1913) • मोहिनी भस्मासुर (1913) • सावित्री सत्यवान (1914) • लंका दहन (1917) • श्रीकृष्ण जन्म (1918) • कालिया मर्दन (1919) • कंस वध (1920) • शकुंतला (1920) • संत तुकाराम (1921) • भक्त गोरा (1923) • सेतुबंधन (1932) • गंगावतरण (1937) पहली और एकमात्र बोलती फिल्म।

उन्होंने अपने समय में फिल्मों का निर्माण किया और कई फिल्मों में खुद कहानियाँ लिखीं और उन्हें निर्देशित किया।

कुछ रोचक बातें

- दादासाहेब फाल्के की सन् 1913 में बनी 'राजा हरिश्चंद्र' उनकी पहली फिल्म थी, जिसका निर्देशन उन्होंने ही किया था।
- जब दादासाहेब अपनी पहली फिल्म बना रहे थे, उन्हें मुख्य भूमिका के लिए हीरो की जरूरत थी। इसे सुनते ही काफी लोग खुशी से झूम उठे। काफी लोग हीरो बनने दादासाहेब के पास आ रहे थे। इस वजह से दादासाहेब को अपने इश्तिहार में एक वाक्य लिखना पड़ा था—'बुरे चेहरेवाले कृपया न आएँ।'
- दादासाहेब फाल्के ने केवल 20 वर्षों में कुल 95 फिल्मों और 26 लघु फिल्मों का निर्माण किया।
- दादासाहेब फाल्के की फिल्म 'भस्मासुर मोहिनी' में दुर्गा गोखले और कमला गोखले ने पहली बार महिला का किरदार निभाया था।
- दादासाहेब फाल्के ने अपनी फिल्में मुंबई के बजाय नासिक में बनाई थीं।
- दादासाहेब फाल्के की अंतिम मूक फिल्म 'सेतुबंधन' थी, जो सन् 1932 में आई, जिसे बाद में डब करके आवाज दी गई।
- दादासाहेब फाल्के की साझेदारी में 'हिंदुस्तान सिनेमा कंपनी' की स्थापना हुई।
- दादासाहेब फाल्के ने जो एकमात्र बोलती फिल्म बनाई, उसका नाम 'गंगावतरण' था।
- सन् 1930 में दादासाहेब फाल्के ने फिल्म-निर्माण का कार्य छोड़ दिया।

अंतिम सफर

16 फरवरी, 1944 को नासिक में दादासाहेब फाल्के का निधन हो गया। दादासाहेब फाल्के द्वारा प्रदत्त फिल्म जगत् के योगदान को कभी भुलाया नहीं जा सकता। भारतीय सिनेमा में उनके अभूतपूर्व योगदान के चलते 1969 से

भारत सरकार ने उनके सम्मान में 'दादासाहेब फाल्के' अवार्ड की शुरुआत की। भारतीय सिनेमा का यह सर्वोच्च और प्रतिष्ठित पुरस्कार माना जाता है। वर्तमान में इस पुरस्कार में 10 लाख रुपए और स्वर्ण कमल दिए जाते हैं। सबसे पहले देविका रानी चौधरी को यह पुरस्कार मिला।

□

आरंभिक जीवन के कार्यकलाप

धुंडीराज फाल्के का जन्म 30 अप्रैल, 1870 को बॉम्बे प्रेसीडेंसी के त्र्यंबकेश्वर में एक मराठीभाषी चितपावन ब्राह्मण परिवार में हुआ। उनके पिता गोविंद सदाशिव फाल्के एक संस्कृत विद्वान् और धार्मिक समारोहों का आयोजन करनेवाले एक हिंदू पुजारी के रूप में काम करते थे और उनकी माँ, द्वारकाबाई एक गृहिणी थीं। दंपती के नौ बच्चे थे, सात बेटे और दो बेटियाँ।

गोविंद सदाशिव फाल्के ने बेटे धुंडीराज फाल्के को पढ़ाया। यज्ञ और औषधि वितरण जैसे धार्मिक अनुष्ठानों का संचालन करना सिखाया। गोविंद सदाशिव फाल्के को जब बंबई के विल्सन कॉलेज में संस्कृत के प्रोफेसर के रूप में नियुक्त किया गया तो परिवार ने अपना आधार बॉम्बे में स्थानांतरित कर दिया। फाल्के ने अपनी प्राथमिक शिक्षा त्र्यंबकेश्वर में पूरी की और मैट्रिक की पढ़ाई बंबई में हुई।

धुंडीराज फाल्के ने सन् 1885 में सर जे.जे. स्कूल ऑफ आर्ट, बॉम्बे में दाखिला लिया और ड्राइंग में एक साल का कोर्स पूरा किया। सन् 1886 की शुरुआत में वे अपने बड़े भाई शिवरामपंत के साथ बड़ौदा गए, जहाँ उन्होंने मराठे परिवार की एक लड़की से शादी की। बाद में उन्होंने महाराजा सयाजीराव विश्वविद्यालय, बड़ौदा में कला भवन, ललित कला संकाय में

प्रवेश लिया और 1890 में तैल चित्रकला और जल रंग चित्रकला में एक पाठ्यक्रम पूरा किया।

उन्होंने वास्तुकला और मॉडलिंग में भी दक्षता हासिल की। उसी वर्ष धुंडीराज फाल्के ने एक फिल्म कैमरा खरीदा और फोटोग्राफी, प्रसंस्करण और मुद्रण के साथ प्रयोग करना शुरू किया।

अहमदाबाद की सन् 1892 की औद्योगिक प्रदर्शनी में एक आदर्श थिएटर का एक मॉडल बनाने के लिए उन्हें स्वर्ण पदक से सम्मानित किया गया। जबकि उनके काम को बहुत सराहा गया, उनके एक प्रशंसक ने उन्हें एक महँगा कैमरा भेंट किया, जिसका उपयोग स्टिल फोटोग्राफी के लिए किया जाता था।

सन् 1891 में फाल्के ने हाफटोन ब्लॉक, फोटोलिथो और तीन रंग की सिरेमिक फोटोग्राफी तैयार करने की तकनीक सीखने के लिए छह महीने का कोर्स किया। कला भवन के प्रधानाचार्य गज्जर ने बाबूलाल वरुवलकर के मार्गदर्शन में फाल्के को थ्री-कलर ब्लॉकमेकिंग, फोटोलिथो ट्रांसफर, कोलोटाइप और डार्करूम प्रिंटिंग तकनीक सीखने के लिए रतलाम भेजा।

प्रारंभिक कॅरियर

साल 1890 में गज्जर ने फाल्के को कला भवन के फोटो स्टूडियो और प्रयोगशाला का उपयोग करने की अनुमति दी, जहाँ उन्होंने 'श्री फाल्के की उत्कीर्णन और फोटो प्रिंटिंग' के नाम से अपना काम शुरू किया। विभिन्न कौशलों में निपुण होने के बावजूद उनका पारिवारिक जीवन स्थिर नहीं था और उन्हें जीवनयापन करने में कठिनाइयाँ थीं। इस प्रकार सन् 1895 में उन्होंने एक पेशेवर फोटोग्राफर बनने का फैसला किया और व्यवसाय करने के लिए गोधरा में स्थानांतरित हो गए। गोधरा में उनका व्यवसाय अच्छा नहीं रहा और उन्होंने शहर में 1900 की प्लेग महामारी में अपनी पत्नी और एक बच्चे को खो दिया।

फाल्के बड़ौदा लौट आए और फोटोग्राफी व्यवसाय शुरू किया। शहर

भर में फैले मिथक के कारण यह अच्छी तरह से नहीं चला कि कैमरा किसी व्यक्ति के शरीर से ऊर्जा को सोख लेता है, जिससे उनकी मृत्यु हो जाती है। उन्हें बड़ौदा के राजकुमार से भी समान प्रतिरोध का सामना करना पड़ा, जिन्होंने इस धारणा के साथ तसवीरें लेने से इनकार कर दिया कि यह उसके जीवन को छोटा कर देगा। हालाँकि बाद में फाल्के ने राजकुमार को आश्वस्त किया, जिन्होंने अपने दरबार में फोटोग्राफी के लाभों की वकालत की, लेकिन इससे फाल्के के व्यवसाय में कोई मदद नहीं मिली।

उन्होंने नाटक कंपनियों के लिए मंच के परदों को पेंट करने का व्यवसाय शुरू किया। इससे उन्हें नाटक निर्माण में कुछ बुनियादी प्रशिक्षण मिला और उन्हें नाटकों में कुछ छोटी भूमिकाएँ मिलीं।

फाल्के ने एक जर्मन जादूगर से जादू के गुर सीखे, जो उस समय बड़ौदा के दौरे पर थे। इससे उन्हें अपने फिल्म-निर्माण में ट्रिक फोटोग्राफी का उपयोग करने में मदद मिली। सन् 1901 के अंत में फाल्के ने प्रो. केल्फा के पेशेवर नाम का उपयोग करते हुए अपने अंतिम नाम के अक्षरों के साथ उलटे क्रम में जादू के सार्वजनिक प्रदर्शनों को आयोजित करना शुरू किया।

सन् 1902 में फाल्के ने किर्लोस्कर नाटक मंडली के मालिक की भतीजी गिरिजा करंदीकर से दूसरी शादी की। शादी के बाद गिरिजा का नाम बदलकर सरस्वती कर दिया गया।

सन् 1903 में उन्हें भारतीय पुरातत्त्व सर्वेक्षण में एक फोटोग्राफर और ड्राफ्ट्समैन के रूप में नौकरी मिली। हालाँकि नौकरी से वे संतुष्ट नहीं थे, फाल्के ने 1906 में इस्तीफा दे दिया और एक भागीदार के रूप में आर.जी. भंडारकर के साथ 'फाल्के एनग्रेविंग एंड प्रिंटिंग वर्क्स' के नाम से लोनावला में एक प्रिंटिंग प्रेस की स्थापना की।

प्रेस ने मुख्य रूप से चित्रकार राजा रवि वर्मा के स्वामित्ववाली रवि वर्मा प्रेस के लिए फोटोलिथो ट्रांसफर करने का काम किया। बाद में इसने हाफटोन ब्लॉकमेकिंग और प्रिंटिंग और तिरंगा प्रिंटिंग का काम भी शुरू

किया। बढ़ते व्यवसाय के साथ प्रेस को दादर, बॉम्बे में स्थानांतरित कर दिया गया।

बाद में सन् 1908 में पुरुषोत्तम मावजी ने भंडारकर को एक भागीदार के रूप में बदल दिया और प्रेस का नाम बदलकर 'लक्ष्मी आर्ट प्रिंटिंग वर्क्स' कर दिया गया। फाल्के सन् 1909 में आवश्यक रंग मुद्रण मशीनरी खरीदने के लिए जर्मनी गए। हालाँकि मुद्रण व्यवसाय में तेजी से वृद्धि हुई, लेकिन भागीदारों के बीच प्रेस चलाने के बारे में मतभेद बढ़ रहे थे। जल्द ही फाल्के ने बिना किसी मौद्रिक लाभ के साझेदारी को छोड़ने का फैसला किया।

□

फिल्म-निर्माण की प्रारंभिक बाधाएँ और लंदन-यात्रा

लक्ष्मी आर्ट प्रिंटिंग वर्क्स छोड़ने के बाद फाल्के को विभिन्न फाइनेंसरों से एक और प्रिंटिंग प्रेस शुरू करने के लिए कई प्रस्ताव मिले, लेकिन उन्होंने कोई प्रस्ताव स्वीकार नहीं किया। 14 अप्रैल, 1911 को फाल्के अपने बड़े बेटे भालचंद्र के साथ एक फिल्म देखने गए—'अमेजिंग एनिमल्स', एट द अमेरिका इंडिया पिक्चर पैलेस, गिरगाँव, बॉम्बे।

स्क्रीन पर जानवरों को देखकर हैरान भालचंद्र ने अपनी माँ सरस्वतीबाई को उस दिन के अपने अनुभव के बारे में बताया। परिवार के किसी भी सदस्य ने उन पर विश्वास नहीं किया, इसलिए फाल्के अगले दिन अपने परिवार को फिल्म दिखाने ले गए। चूँकि यह ईस्टर (सन् 1906) था, थिएटर ने इसके बजाय फ्रांसीसी निर्देशक एलिस गाइ-ब्लाचे द्वारा 'जीसस, द लाइफ ऑफ क्राइस्ट' के बारे में एक फिल्म दिखाई। स्क्रीन पर जीसस को देखते हुए फाल्के ने हिंदू देवताओं राम एवं कृष्ण की कल्पना की और 'मूविंग पिक्चर्स' के व्यवसाय को शुरू करने का फैसला किया।

अगले एक वर्ष के लिए फाल्के ने यूरोप से विभिन्न फिल्म संबंधी

सामग्री, जैसे—कैटलॉग, पुस्तकें और फिल्म बनाने के उपकरण एकत्र करना शुरू कर दिया। उन्होंने एक छोटा फिल्म कैमरा एवं रील खरीदी और रात में एक लेंस पर मोमबत्ती की रोशनी को केंद्रित करके तथा दीवारों पर चित्रों को प्रक्षेपित करके फिल्में दिखाना शुरू कर दिया। वे हर शाम चार से पाँच घंटे फिल्में देखते और नींद से वंचित रहते थे। इससे उनकी आँखों पर दबाव पड़ा और उनकी दोनों आँखों में मोतियाबिंद हो गया।

आराम करने की सलाह के खिलाफ उन्होंने काम करना जारी रखा और अपनी दृष्टि पूरी तरह से खो दी। नेत्र रोग विशेषज्ञ डॉ. प्रभाकर ने तीन या चार जोड़ी चश्मे की सहायता से फाल्के का इलाज किया, जिससे उन्हें आँखों की रोशनी बहाल करने में मदद मिली।

फाल्के फिल्म-निर्माण का तकनीकी ज्ञान प्राप्त करने के लिए लंदन जाना चाहते थे, लेकिन उन्हें अपनी यात्रा के लिए धन प्राप्त करने में कठिनाई हो रही थी। यशवंतराव नाडकर्णी और अबसाहेब चिटनिस की मदद से उन्होंने अपनी बारह हजार की बीमा पॉलिसियों को गिरवी रखकर दस हजार की राशि हासिल की। 1 फरवरी, 1912 को वे लंदन रवानगी के लिए एक जहाज पर सवार हुए।

लंदन में फाल्के ने पिकाडिली सरकस के पास 'बायोस्कोप सिने वीकली' का नेमबोर्ड देखा। वे भारत में साप्ताहिक के ग्राहक थे। उन्होंने इसके संपादक कैबोर्न से मुलाकात की और अपनी यात्रा के उद्देश्य के बारे में बताया। कैबोर्न ने फाल्के को इंग्लैंड में असफल प्रयासों के आधार पर भारत में फिल्म-निर्माण के विचार के विपरीत सलाह दी और सुझाव दिया कि भारतीय जलवायु भी इसके लिए उपयुक्त नहीं हो सकती। हालाँकि वे फाल्के के समर्पण से प्रभावित हुए तथा उन्होंने वाल्टन स्टूडियोज के फिल्म निर्देशक, निर्माता और पटकथा लेखक सेसिल हेपवर्थ से उनका परिचय कराया।

हेपवर्थ ने फाल्के को फिल्मांकन के प्रदर्शन के साथ-साथ स्टूडियो के सभी विभागों और उनके कामकाज का दौरा करने की अनुमति दी। कैबोर्न

एवं हेपवर्थ की सलाह पर उन्होंने विलियमसन कैमरा पचास पाउंड में खरीदा तथा कोडक कच्ची फिल्म और कुछ कैमरा उपकरण खरीदने के लिए ऑर्डर दिया। फाल्के दो महीने तक लंदन में रहे और 1 अप्रैल, 1912 को भारत लौट आए। उन्होंने उसी दिन 'फाल्के फिल्म्स कंपनी' की स्थापना की।

□

राजा हरिश्चंद्र से फिल्म-निर्माण की शुरुआत

लंदन से वापस आने के बाद फाल्के ने फिल्मों की शूटिंग के लिए जगह की तलाश शुरू की। जल्द ही परिवार इस्माइल बिल्डिंग, चरनी रोड से मथुरा भवन बँगला, दादर में स्थानांतरित हो गया।

उन्होंने बँगले के परिसर में एक छोटा काँच का कमरा बनाया तथा एक अँधेरा कमरा तैयार किया और फिल्म के प्रसंस्करण की व्यवस्था की। मई 1912 में आयातित फिल्म-निर्माण उपकरण बंबई पहुँचे और फाल्के ने दिए गए स्केच की मदद से चार दिनों के भीतर इसे स्थापित कर दिया। उन्होंने अपने परिवार को फिल्म को प्रोसेस और विकसित करना भी सिखाया।

कैमरे और प्रोजेक्टर की कार्यप्रणाली का परीक्षण करने के लिए फाल्के ने पहले आसपास के लड़के एवं लड़कियों को फिल्माया और संतोषजनक परिणाम देखे।

उन्होंने गमले में कुछ मटर लगाए और उसके सामने एक कैमरा लगा दिया। उन्होंने एक महीने से अधिक समय तक एक दिन में एक फ्रेम शूट किया, एक मिनट से अधिक समय तक एक फिल्म का निर्माण किया, जिसमें

बीज उगना, अंकुरित होना और एक बेल के रूप में बदलना शामिल था।

'अंकुराची वाध' (एक मटर के पौधे की वृद्धि) शीर्षकवाली इस लघु फिल्म को चुनिंदा व्यक्तियों को दिखाया गया। यशवंतराव नाडकर्णी और नारायणराव देवहरे सहित उनमें से कुछ ने फाल्के को ऋण की पेशकश की।

फाल्के ने हरिश्चंद्र की किंवदंतियों के आधार पर एक फिल्म बनाने का फैसला किया और इसके लिए पटकथा लिखी। उन्होंने फिल्म के लिए आवश्यक कलाकारों और अन्य सहकर्मियों के लिए 'इंदुप्रकाश' जैसे विभिन्न समाचार-पत्रों में विज्ञापन प्रकाशन हेतु दिए।

चूँकि महिला प्रधान भूमिका निभाने के लिए कोई महिला उपलब्ध नहीं थी, इसलिए पुरुष अभिनेताओं ने महिला भूमिकाएँ निभाईं।

दत्तात्रेय दामोदर डाबके ने राजा हरिश्चंद्र और अन्ना सालुंके ने रानी तारामती के रूप में मुख्य भूमिका निभाई। फाल्के के बड़े बेटे भालचंद्र को भूमिका सौंपी गई हरिश्चंद्र और तारामती के बेटे रोहिताश्व की।

फाल्के पटकथा, निर्देशन, निर्माण डिजाइन, मेकअप, संपादन और फिल्म प्रोसेसिंग के प्रभारी थे और त्र्यंबक बी. तेलंग ने कैमरे को सँभाला। फिल्मांकन छह महीने और 27 दिनों में पूरा हुआ, जिसमें लगभग चार रीलों में 3,700 फीट (1,100 मीटर) की एक फिल्म का निर्माण किया गया।

फिल्म का प्रीमियर ओलंपिया थिएटर, बॉम्बे में 21 अप्रैल, 1913 को हुआ और शनिवार, 3 मई, 1913 को कोरोनेशन सिनेमा, गिरगाँव, बॉम्बे में यह रिलीज हुई। यह एक व्यावसायिक सफलता थी और इसने देश में फिल्म उद्योग की नींव रखी।

इस फिल्म को भारत की पहली पूर्ण लंबाईवाली भारतीय फीचर फिल्म माना जाता है। भारत सरकार 'राजा हरिश्चंद्र' को पहली भारतीय फीचर फिल्म के रूप में मान्यता देती है।

□

राजा हरिश्चंद्र निर्माणगाथा

'राजा हरिश्चंद्र' दादासाहेब फाल्के द्वारा निर्देशित और निर्मित 1913 की भारतीय मूक फिल्म है। इसे अकसर पहली पूर्ण लंबाईवाली भारतीय फीचर फिल्म माना जाता है। 'राजा हरिश्चंद्र' में दत्तात्रेय दामोदर डाबके, अन्ना सालुंके, भालचंद्र फाल्के और गजानन वासुदेव साने आदि कलाकार हैं और यह हरिश्चंद्र की कथा पर आधारित है। मूक होने के कारण फिल्म में अंग्रेजी, मराठी और हिंदी भाषा के इंटरटाइटल थे।

फाल्के ने अप्रैल 1911 में बॉम्बे के एक थिएटर में 'द लाइफ ऑफ क्राइस्ट' (1906) देखने के बाद एक फीचर फिल्म बनाने का फैसला किया। फरवरी 1912 में वे फिल्म-निर्माण तकनीक सीखने के लिए दो सप्ताह के लिए लंदन गए और वापसी पर 'फाल्के फिल्म्स कंपनी' की स्थापना की। उन्होंने इंग्लैंड, फ्रांस, जर्मनी और संयुक्त राज्य अमेरिका से फिल्म-निर्माण एवं प्रदर्शनी के लिए आवश्यक हार्डवेयर का आयात किया। फाल्के ने अपने उद्यम के लिए निवेशकों को आकर्षित करने के लिए एक लघु फिल्म 'अंकुराची वाध' (एक मटर के पौधे की वृद्धि) की शूटिंग की। उन्होंने विभिन्न समाचार-पत्रों में कलाकारों और सहायक दल के लिए विज्ञापन प्रकाशित किए। चूँकि महिला भूमिका निभाने के लिए कोई महिला

उपलब्ध नहीं थी तो पुरुष अभिनेताओं ने महिला भूमिकाएँ निभाईं। फिल्म अब आंशिक रूप से उपलब्ध है; भारत के राष्ट्रीय फिल्म संग्रहालय में फिल्म की केवल पहली और आखिरी रीलों को संरक्षित किया गया है।

पहली पूर्ण लंबाईवाली भारतीय फीचर फिल्म के रूप में 'राजा हरिश्चंद्र' की स्थिति पर बहस भी हुई है। कुछ फिल्म इतिहासकार दादासाहेब तोरणे की मूक फिल्म 'श्री पुंडलिक' (18 मई, 1912) को पहली भारतीय फिल्म मानते हैं। हालाँकि भारत सरकार 'राजा हरिश्चंद्र' को पहली भारतीय फीचर फिल्म के रूप में मान्यता देती है।

फिल्म की कथा

राजा हरिश्चंद्र (डी.डी. डाबके) को रानी तारामती (अन्ना सालुंके) की उपस्थिति में अपने बेटे रोहिताश्व (भालचंद्र फाल्के) को सिखाते हुए दिखाया गया है कि धनुष और तीर से कैसे शूट किया जाए। उसके नागरिक उसे शिकार अभियान पर जाने के लिए कहते हैं। शिकार के दौरान हरिश्चंद्र कुछ महिलाओं के रोने की आवाज सुनता है। वह एक ऐसे स्थान पर पहुँचता है, जहाँ ऋषि विश्वामित्र (गजानन साने) त्रिगुण शक्ति (तीन शक्तियों) से सहायता प्राप्त करने के लिए एक यज्ञ कर रहे हैं।

हरिश्चंद्र अनजाने में यज्ञ के बीच में विश्वामित्र को बाधित करते हैं। ऋषि क्रोधित हो उठते हैं। विश्वामित्र के क्रोध को शांत करने के लिए हरिश्चंद्र उन्हें अपना राज्य प्रदान करते हैं। शाही महल में लौटकर वे तारामती को घटना की सूचना देते हैं। विश्वामित्र हरिश्चंद्र, तारामती और रोहिताश्व को वनवास में भेजते हैं और उन्हें दक्षिणा की व्यवस्था करने के लिए कहते हैं।

निर्वासन में रोहिताश्व की मृत्यु हो जाती है। हरिश्चंद्र तारामती को डोम राजा के पास भेजते हैं, ताकि उनके पुत्र के मुफ्त दाह-संस्कार की व्यवस्था हो सके।

तारामती अभी डोम राजा से मिलने जा रही है, विश्वामित्र उसे काशी

के राजकुमार की हत्या के आरोप में फँसा देते हैं। तारामती को मुकदमे का सामना करना पड़ता है। वह दोषी ठहराई जाती है।

हरिश्चंद्र को उसका सिर काटने का आदेश दिया जाता है। जब वह अपना कार्य पूरा करने के लिए अपनी तलवार उठाता है तो प्रसन्न होकर भगवान् शिव प्रकट होते हैं। विश्वामित्र खुलासा करते हैं कि वे हरिश्चंद्र की सच्चाई की परीक्षा कर रहे थे, उन्हें राज्य लौटाते हैं और रोहिताश्व को वापस जीवनदान मिल जाता है।

पात्र परिचय

- दत्तात्रेय दामोदर डाबके हरिश्चंद्र के रूप में
- अन्ना सालुंके तारामती के रूप में (हरिश्चंद्र की पत्नी)
- हरिश्चंद्र और तारामती के पुत्र रोहिताश्व के रूप में भालचंद्र फाल्के
- गजानन वासुदेव साने विश्वामित्र के रूप में

फिल्म के अन्य कलाकार थे—दत्तात्रेय क्षीरसागर, दत्तात्रेय तेलंग, गणपत जी. शिंदे, विष्णु हरि औंधकर और नाथ टी. तेलंग।

प्रोडक्शन

स्क्रीन पर यीशु को देखने पर फाल्के ने कहा था, "जब 'द लाइफ ऑफ क्राइस्ट' मेरी आँखों के आगे से तेजी से गुजर रहा था, मैं मानसिक रूप से श्रीकृष्ण, श्रीरामचंद्र इत्यादि देवताओं, उनके गोकुल और उनकी अयोध्या की कल्पना कर रहा था। मैं एक अजीब जादू की गिरफ्त में आ गया था। मैंने एक और टिकट खरीदा और फिर से फिल्म देखी। इस बार मैंने महसूस किया कि मेरी कल्पना स्क्रीन पर आकार ले रही है। क्या वास्तव में ऐसा हो सकता है? क्या हम, भारत के बेटे, कभी भी भारतीय छवियों को परदे पर देख पाएँगे?"

14 अप्रैल, 1911 को दादासाहेब फाल्के अपने बड़े बेटे भालचंद्र के साथ अमेरिका इंडिया पिक्चर पैलेस, गिरगाँव में एक फिल्म 'अमेजिंग एनिमल्स' देखने दुबारा गए तो थिएटर ने फ्रांसीसी निर्देशक एलिस गाइ-

ब्लाचे द्वारा 'जीसस, द लाइफ ऑफ क्राइस्ट' के बारे में एक फिल्म दिखाई और इसी वक्त फाल्के ने 'मूविंग पिक्चर्स' के व्यवसाय में शुरुआत करने का फैसला किया।

फिल्म-निर्माण की तकनीक सीखने के लिए लंदन की अपनी दो सप्ताह की यात्रा पूरी करने के बाद उन्होंने 1 अप्रैल, 1912 को 'फाल्के फिल्म्स कंपनी' की स्थापना की।

परफोरेटर के लिए एक ऑर्डर दिया था, जो मई 1912 में बॉम्बे (अब मुंबई) पहुँचा। हालाँकि फाल्के फिल्म-निर्माण के अपने विचार के बारे में निश्चित थे, लेकिन उन्हें कोई निवेशक नहीं मिला। इसलिए उन्होंने तकनीकों को प्रदर्शित करने के लिए एक लघु फिल्म बनाने का फैसला किया। फाल्के ने उन लघु फिल्मों को कुछ चुनिंदा व्यक्तियों को दिखाया। उनमें से कुछ, जिनमें यशवंतराव नाडकर्णी और नारायणराव देवहरे शामिल थे, ने फाल्के को ऋण की पेशकश की।

कहानी का चयन

अपनी मराठी भाषा की पत्रिका 'सुवर्णमाला' में फाल्के ने एक कहानी 'सुरबाईची' प्रकाशित की थी। वह कहानी, जिसमें शराब के दुष्परिणामों को दरशाया गया था, वह पहली बार फिल्मांकन के लिए विचार की गई थी। बॉम्बे में प्रदर्शित कई अमेरिकी फिल्मों को देखने के बाद उन्होंने देखा कि उनमें रहस्य और रोमांस शामिल है, जो दर्शकों को पसंद आता है। लेकिन उनके परिवार के सदस्यों ने सुझाव दिया कि कहानी द्वारा मध्यम वर्ग के लोगों और महिलाओं को आकर्षित करना चाहिए तथा इसमें भारतीय संस्कृति को भी उजागर करना चाहिए।

हिंदू पौराणिक कथाओं में चित्रित विभिन्न कहानियों पर विचार करने के बाद फाल्के के परिवार ने कृष्ण, सावित्री और सत्यवान तथा हरिश्चंद्र की किंवदंतियों को सूचीबद्ध किया। उस समय मराठी और उर्दू मंचों पर हरिश्चंद्र की किंवदंतियों पर आधारित एक नाटक लोकप्रिय था।

दोस्त और पड़ोसी अकसर फाल्के को 'हरिश्चंद्र' कहा करते थे, क्योंकि उन्होंने अपने फिल्म-निर्माण के सपने को पूरा करने के लिए अपनी पत्नी के मंगलसूत्र को छोड़कर अपना सारा सामान बेच दिया था। इस प्रकार फाल्के ने हरिश्चंद्र की किंवदंतियों पर फैसला किया और अपनी फीचर फिल्म की पटकथा लिखी।

अखबारों में प्रकाशित विज्ञापन

फाल्के ने अपनी 'राजा हरिश्चंद्र' फिल्म हेतु आवश्यक कलाकारों के लिए विभिन्न समाचार-पत्रों में विज्ञापन प्रकाशित किए। विज्ञापन कुछ यों था—

> "चाहिए—अभिनेता, बढ़ई, धोबी, नाई और चित्रकार। जो लोग शराबी, आवारा या बदसूरत हैं, उन्हें अभिनेता के लिए आवेदन करने की जहमत नहीं उठानी चाहिए। सुंदर और बिना शारीरिक दोषवाले गूँगे कलाकार विचारणीय हो सकते हैं। कलाकार अच्छे अभिनेता होने चाहिए। वे जो अनैतिक जीवन जीने के आदी हैं या जो शिष्टाचारी न हों, उन्हें मिलने के लिए कष्ट नहीं उठाना चाहिए।"

इस विज्ञापन को खूब सराहा गया और ऑडिशन के लिए बड़ी संख्या में आवेदक आए। विज्ञापन के जरिए आए अनेक कलाकारों को जाँचा-परखा गया, इसके बावजूद फाल्के कलाकारों के कौशल से संतुष्ट नहीं हुए। तब उन्होंने विज्ञापन देना बंद कर दिया और थिएटर कंपनियों के माध्यम से कलाकारों की तलाश करने का फैसला किया।

इसके बाद पांडुरंग गढ़धर साने और गजानन वासुदेव साने फाल्के फिल्म्स कंपनी में शामिल होनेवाले पहले कलाकारों में से थे। इनमें पांडुरंग गढ़धर साने नाट्यकला थिएटर कंपनी में महिला के रूप में भूमिकाएँ निभा रहा था और गजानन वासुदेव साने उर्दू नाटकों में प्रदर्शन कर रहा था। दोनों 40 रुपए प्रतिमाह के वेतन पर रखे गए।

गजानन साने ने अपने परिचित दत्तात्रेय दामोदर डाबके का परिचय कराया। फाल्के उनकी काया और व्यक्तित्व से प्रभावित हुए और उन्हें हरिश्चंद्र की मुख्य भूमिका की पेशकश की।

तारामती की भूमिका

विज्ञापन के जवाब में चार वेश्याओं ने तारामती की भूमिका के लिए ऑडिशन दिया। फाल्के ने संतोषजनक न दिखने के कारण उन्हें अस्वीकार कर दिया और विज्ञापन को संशोधित करके प्रकाशित कराया—"केवल अच्छी दिखनेवाली महिलाओं को साक्षात्कार के लिए आना चाहिए।"

दो और वेश्याओं ने ऑडिशन दिया, लेकिन दो दिनों के बाद छोड़ दिया। एक युवती, जो किसी की लिव-इन थी, ने ऑडिशन दिया और फाल्के ने उसे मुख्य भूमिका के लिए चुना। उसने चार दिनों तक रिहर्सल की। हालाँकि पाँचवें दिन उसके परिजनों ने फिल्म में उसके काम करने पर आपत्ति जताई और उसे ले गए।

निराशा में फाल्के ने कमाठीपुरा में ग्रांट रोड पर बॉम्बे के रेड लाइट क्षेत्र का भी दौरा किया और कई महिलाओं को उच्च वेतन देने की भी पेशकश की, लेकिन बात नहीं बनी।

एक दिन ग्रांट रोड पर एक रेस्तराँ में चाय पीते समय फाल्के ने कृष्ण हरि उर्फ अन्ना सालुंके को देखा, जो छरहरा, सात्त्विक और ठीक-ठाक दिखनेवाला युवक था। सालुंके 10 रुपए के मासिक वेतन पर रेस्तराँ में वेटर के रूप में काम कर रहा था। जब फाल्के ने उसे पंद्रह रुपए मासिक वेतन की पेशकश की तो वह फिल्मों में काम करने के लिए तैयार हो गया।

रोहिताश्व की भूमिका

फाल्के ने हरिश्चंद्र और तारामती के बेटे रोहिताश्व की भूमिका के लिए कई लड़कों का ऑडिशन लिया, लेकिन माता-पिता में से कोई भी अपने बच्चों को फिल्म में काम करने की अनुमति नहीं देता था, क्योंकि चरित्र को जंगलों में रहना होगा और मरना होगा। अंत में फाल्के के बड़े बेटे भालचंद्र को यह भूमिका सौंपी गई, जो भारतीय सिनेमा में पहला बाल कलाकार बन गया।

फाल्के का फिल्म स्टूडियो

फाल्के ने अपने फिल्म स्टूडियो के लिए लगभग चालीस लोगों को काम पर रखा था, जो उस समय एक कारखाने के रूप में जाना जाता था। चूँकि फिल्मों में काम करना वर्जित था, इसलिए फाल्के ने अपने कलाकारों को सलाह दी कि वे दूसरों को बताएँ कि वे हरिश्चंद्र नाम के एक व्यक्ति के लिए एक कारखाने में काम कर रहे हैं।

पटकथा लेखन व रिहर्सल

फाल्के ने पटकथा लेखन के बारे में जानने के लिए कई विदेशी फिल्में देखीं और फिर 'राजा हरिश्चंद्र' की पटकथा पूरी की। फिल्म में सभी पुरुष कलाकार थे, क्योंकि महिला प्रधान भूमिका निभाने के लिए कोई महिला उपलब्ध नहीं थी।

स्टूडियो में आने के बाद महिला भूमिका निभानेवाले पुरुष अभिनेताओं को साड़ी पहनने और चावल बीनने तथा आटा गूँथने जैसे महिलाओं के काम करने के लिए कहा गया।

हालाँकि कुछ अभिनेता थिएटर से जुड़े हुए थे, लेकिन अधिकांश कलाकारों को अभिनय का कोई पूर्व अनुभव नहीं था। फाल्के ने अभिनेताओं के साथ कई बार रिहर्सल की। अकसर उन्हें खुद साड़ी पहननी पड़ती थी और दृश्य का अभिनय करना पड़ता था।

रिहर्सल स्टूडियो में विभिन्न चेहरे के भाव दिखानेवाली अंग्रेजी पत्रिकाओं की कई तसवीरें लगाई गई थीं। सभी अभिनेताओं को एक अनिवार्य अभ्यास से गुजरना पड़ता था, जहाँ उन्हें समान चेहरे बनाने के लिए कहा जाता था।

लगभग उसी समय राजापुरकर नाटक मंडली, नाटक कंपनी ने बॉम्बे का दौरा किया। कंपनी के कई शो हिंदू पौराणिक कथाओं पर आधारित थे। फाल्के ने कंपनी के मालिक बाबाजीराव राणे से मुलाकात की और स्वदेशी फिल्म-निर्माण के अपने विचार के बारे में बताया। राणे इस विचार

से प्रभावित हुए और उन्होंने अपने अभिनेताओं तथा उनकी वेशभूषा को उधार देकर अपना समर्थन देने की पेशकश की।

फाल्के ने फिल्म में हरिश्चंद्र के मुकुट, विग, तलवार, ढाल और धनुष-बाण जैसी सामग्री का उपयोग करने का फैसला किया। फाल्के के बहनोई की भी दो ड्रामा कंपनियाँ थीं—बेलगावकर नाटक मंडली और सरस्वती नाटक मंडली। उन्होंने भी इसी तरह की मदद की पेशकश की, लेकिन फाल्के ने विनम्रता से अस्वीकार कर दिया, क्योंकि अधिकांश कलाकारों और कर्मी दल को अंतिम रूप दिया जा चुका था।

फाल्के ने राजा रवि वर्मा और एम.वी. धुरंधर के चित्रों के आधार पर वेशभूषा और मंच के दृश्यों को डिजाइन किया। उन्होंने महल, जंगल, पहाड़ों, खेतों और गुफाओं के दृश्यों को खुद परदे पर चित्रित किया। इनडोर शूटिंग के लिए सेट तैयार किए जाने के बाद चित्रकार रंगनेकर को रुपए 60 के मासिक वेतन पर काम पर रखा गया।

फाल्के ने फिल्म-निर्माण एवं प्रदर्शनी के लिए आवश्यक हार्डवेयर इंग्लैंड, फ्रांस, जर्मनी तथा संयुक्त राज्य अमेरिका से ह्यूटन बुचर, जीस टेसर और पाथे आदि निर्माताओं से आयात किया। इसमें नेगेटिव और पॉजिटिव फिल्म स्टॉक, कैमरे, रोशनी, फिल्म प्रयोगशाला उपकरण, प्रिंटिंग और संपादन मशीन, नेगेटिव काटने के उपकरण और फिल्म प्रोजेक्टर शामिल थे।

उन्होंने पटकथा, निर्देशन, प्रोडक्शन, डिजाइन, फिल्म संपादन, फिल्म प्रोसेसिंग इत्यादि की जिम्मेदारी स्वयं लेने का फैसला किया। इसके बाद उन्होंने नासिक के अपने बचपन के दोस्त त्र्यंबक बी. तेलंग को बॉम्बे आने के लिए कहा।

तेलंग त्र्यंबकेश्वर शिव मंदिर में पुजारी के रूप में कार्यरत थे। फाल्के ने उन्हें बचपन के शौक के रूप में स्टिल फोटोग्राफी सिखाई थी। उनके आने के बाद फाल्के ने तेलंग को विलियमसन कैमरे के संचालन में प्रशिक्षित किया और उन्हें फिल्म का छायाकार बनाया।

फिल्मांकन

फिल्म के लिए प्रोडक्शन डिजाइन 1912 के मानसून के मौसम के बाद शुरू हुआ। जब दादर में फाल्के के बँगले में सेट बनाए जा रहे थे, बॉम्बे के बाहर एक गाँव वंगानी में एक आउटडोर शूटिंग निर्धारित की गई थी।

अन्ना सालुंके, जो मुख्य भूमिका निभा रहे थे, सहित महिला भूमिकाएँ निभानेवाले कुछ पुरुष कलाकार अपनी मूँछें मुँड़वाने के लिए तैयार नहीं थे, क्योंकि वह अपने पिता की मृत्यु के बाद किए जानेवाले हिंदू अनुष्ठानों में से एक का हिस्सा होता है। फाल्के ने अभिनेताओं और उनके पिता को मनाया, तब वे मूँछें मुँड़वाने के लिए राजी हुए तथा यूनिट वंगानी के लिए रवाना हो गई।

यूनिट को गाँव के मंदिर में रखा गया और फाल्के के बंबई से आने तक उनका पूर्वाभ्यास जारी रहा। दृश्यों का अभ्यास करते हुए तलवार, ढाल और भाले पहने हुए लोगों की मंडली को देखकर ग्रामीण भयभीत हो गए। उन्होंने पाटिल (गाँव के मुखिया) को सूचित किया कि डकैत (लुटेरे) गाँव में घुस आए हैं। उन्होंने तुरंत फौजदार (कमांडर) को सूचना दी, जो मंदिर गए थे।

यूनिट ने उन्हें फिल्म-निर्माण के बारे में समझाया, लेकिन फौजदार ने उनकी कहानी पर विश्वास नहीं किया और सभी को गिरफ्तार कर लिया। जब फाल्के गाँव पहुँचे तो वे तुरंत पाटिल व फौजदार से मिले तथा उन्हें उपकरण दिखाकर सिनेमा और फिल्मांकन के बारे में फिर से समझाया।

कैमरे में फिल्म लोड किए बिना उन्होंने अपनी यूनिट को फिल्म के दृश्यों में से एक को अभिनय करने के लिए कहा और एक दृश्य को फिल्माने के लिए कैमरा चलाया गया। दृश्य देखने के बाद फौजदार ने फाल्के के नए उद्यम को समझा और सभी को रिहा कर दिया।

इसी दौरान अन्य बच्चों के साथ खेलते समय भालचंद्र एक चट्टान पर गिर गया और उसके सिर से खून बहने लगा। फाल्के ने प्राथमिक चिकित्सा किट से उसका इलाज किया, लेकिन वह बेहोश रहा।

विभिन्न यूनिट के सदस्यों ने सुझाव दिया कि भालचंद्र को आगे के इलाज के लिए बॉम्बे ले जाया जाना चाहिए और एक बार जब वह पूरी तरह से ठीक हो जाए, तो शूटिंग फिर से शुरू की जा सकती है।

जो दृश्य फिल्माया जाना था, उसमें भालचंद्र के चरित्र रोहिताश्व को अंतिम संस्कार की चिता पर मृत दिखाया गया था। भालचंद्र के ठीक होने के बाद आउटडोर शूटिंग फिर से शुरू करने से प्रोडक्शन में देरी होती और लागत बढ़ जाती, सो अलग।

दोनों से बचने के लिए फाल्के ने अचेत भालचंद्र के साथ दृश्य को शूट करने का निश्चय किया। जैसाकि हरिश्चंद्र की कथा के अनुसार, राजा तारामती और रोहिताश्व के साथ काशी जाते हैं। फाल्के के लिए काशी जाना और वहाँ सीन शूट करना आर्थिक रूप से चुनौतीपूर्ण था। इसलिए वे अपनी यूनिट को त्र्यंबकेश्वर ले गए, जहाँ उन्होंने लगभग एक महीने तक डेरा डाला और आवश्यक दृश्यों को फिल्माया।

फाल्के दिन भर में फिल्माए जानेवाले दृश्यों के लिए रात में फिल्म को डेवलप करते थे। अगर वे वांछित गुणवत्ता के नहीं होते तो उन्हें अगले दिन फिर से शूट करते।

लगभग चार रील या 3,700 फीट (1,100 मीटर) की फिल्म का निर्माण करने के लिए फिल्मांकन छह महीने और सत्ताईस दिनों में पूरा हुआ।

फाल्के ने उन दृश्यों में से एक को शूट करने के लिए ट्रिक फोटोग्राफी का इस्तेमाल किया, जहाँ भगवान् प्रकट होते हैं और ऋषि विश्वामित्र के यज्ञकुंड के धुएँ के पीछे से गायब हो जाते हैं।

उपयोग किए गए फिल्म नेगेटिव स्टॉक स्पेक्ट्रम के लाल बैंड के प्रति कम संवेदनशीलता के साथ सीमित वर्णक्रमीय संवेदनशीलता के थे; अतः सेट, वेशभूषा और कलाकारों के मेकअप में लाल रंग से परहेज किया गया।

उन्नीसवीं शताब्दी की शुरुआत के दौरान नाटकों में एक परिचयात्मक एपिसोड होता था, जिसमें एक व्यक्ति शो के आरंभ में कलाकारों का परिचय

देता था। यूनिट के सदस्यों ने सुझाव दिया कि फिल्म में भी इसी तरह का परिचयात्मक एपिसोड होना चाहिए, जिसमें फाल्के और उनकी पत्नी सरस्वतीबाई सूत्रधार एवं नटी की भूमिका निभा रहे थे। फाल्के इस विचार के लिए सहमत हो गए, लेकिन सरस्वतीबाई को कैमरे के सामने अभिनय करने के लिए वे मना नहीं सके। अंत में पांडुरंग गढ़धर साने ने नटी की भूमिका निभाई।

फिल्म का प्रीमियर

फाल्के को स्क्रीनिंग के लिए थिएटर की व्यवस्था करने में भी खासी मुश्किलें आईं, क्योंकि उनके काम की आलोचना पहले ही शुरू हो चुकी थी। तब उन्होंने फिल्म को चुनिंदा दर्शकों को दिखाने का फैसला किया और 21 अप्रैल, 1913 को रात 9 बजे ओलंपिया थिएटर, बॉम्बे में फिल्म के प्रीमियर की व्यवस्था की।

आमंत्रित लोगों में डॉक्टर और सार्वजनिक कार्यकर्ता सर भालचंद्र भाटवडेकर, विद्वान् आर.जी. भंडारकर, स्मॉल कॉज कोर्ट के न्यायाधीश न्यायमूर्ति डोनाल्ड, समाचार-पत्र के संपादक और प्रतिनिधि के साथ-साथ बॉम्बे के कुछ बुद्धिजीवी और प्रमुख व्यक्ति शामिल थे। चूँकि फाल्के की नवजात बेटी मंदाकिनी निमोनिया से पीड़ित थी, उनके बड़े भाई शिवरामपंत ने उन्हें प्रीमियर को एक और दिन के लिए स्थगित करने की सलाह दी। लेकिन चूँकि निमंत्रण पहले ही भेजे जा चुके थे और थिएटर केवल 21 अप्रैल को ही उपलब्ध था, फाल्के अपना निर्णय नहीं बदल सके।

प्रीमियर देखकर भाटवडेकर ने फाल्के के 'साहस' की मुक्त कंठ से प्रशंसा की। न्यायमूर्ति डोनाल्ड ने कहा कि यह फिल्म यूरोपीय लोगों को हिंदू पौराणिक कथाओं के बारे में अधिक जानने में मदद करेगी। 'केसरी' के अनंत नारायण कोवलगेकर ने अपनी समीक्षा में उल्लेख किया है कि फाल्के ने अपने कौशल को दुनिया के सामने प्रस्तुत किया है। 'टाइम्स ऑफ इंडिया' ने अपनी समीक्षा में कहा कि फिल्म में दरशाए गए दृश्य

'बस अद्भुत' हैं और हमें वास्तव में भारतीय कारीगरी के इस टुकड़े को देखकर खुशी हुई है।

अनुकूल समीक्षाओं के साथ, गिरगाँव के कोरोनेशन सिनेमैटोग्राफ और वैरायटी हॉल के प्रबंधक नानासाहेब चित्रे ने फिल्म को प्रदर्शित करने की इच्छा व्यक्त की।

थिएटर में नाट्य विमोचन

फिल्म को 3 मई, 1913 को कोरोनेशन सिनेमैटोग्राफ और वैरायटी हॉल में नाटकीय रूप से रिलीज किया गया था। इस शो में आइरीन डेलमार का एक नृत्य, मैक्लेमेंट्स का एक हास्य अभिनय, एलेक्जेंडरॉफ द्वारा फुट-जुगलिंग और फिल्म के बाद टिप-टॉप कॉमिक आइटम शामिल थे।

शो टाइम था—शाम 6:00 बजे, रात 8:00 बजे, रात 10:00 बजे और रात 11:45 बजे।

'द बॉम्बे क्रॉनिकल' में प्रकाशित फिल्म के एक विज्ञापन के अंत में एक नोट जोड़ा गया था कि टिकट की दरें सामान्य दरों से दोगुनी होंगी।

फिल्म ने एक हफ्ते के लिए हाउसफुल रन किया तथा इसे बारह और दिनों के लिए बढ़ा दिया गया था। 17 मई को महिलाओं और बच्चों के लिए केवल आधी दर पर एक विशेष शो निर्धारित किया गया था।

प्रारंभ में 18 मई को अंतिम शो के रूप में विज्ञापित किया गया था, लेकिन लोकप्रिय माँग के कारण फिल्म की स्क्रीनिंग जारी रही। यह 25 मई तक तेईस दिनों तक लगातार दिखाया गया और 28 जून को एलेक्जेंड्रा थिएटर में प्रदर्शित किया गया।

'बॉम्बे क्रॉनिकल' ने 5 मई, 1913 के अपने अंक में उल्लेख किया कि इस अद्भुत नाटक को अभिनेताओं की कंपनी द्वारा शानदार ढंग से प्रस्तुत किया गया है तथा इसकी 'सुंदरता और सरलता' की प्रशंसा की, जिसके साथ फाल्के फिल्म के दृश्यों को प्रस्तुत करने में सफल रहे।

विभिन्न स्थानों पर फिल्म प्रदर्शन

बॉम्बे में फिल्म की सफलता की खबर पूरे भारत में फैल गई और विभिन्न स्थानों पर फिल्म को प्रदर्शित करने की माँग की गई। चूँकि उन दिनों कोई फिल्म वितरक नहीं थे, इसलिए फाल्के को फिल्म, प्रोजेक्टर, एक ऑपरेटर और कुछ सहायकों को एक जगह से दूसरी जगह ले जाना पड़ता था।

जब सूरत के नवाबी थिएटर में एक हफ्ते के लिए फिल्म दिखाई गई तो फाल्के ने थिएटर मालिक के साथ 50 प्रतिशत साझेदारी के लिए एक अस्थायी समझौते पर हस्ताक्षर किए।

फिल्म का विज्ञापन करने के बावजूद, पहले प्रदर्शन पर फिल्म को गुनगुनी प्रतिक्रिया मिली। केवल 3 रुपए की कमाई से निराश होकर मालिक ने फाल्के से कहा कि या तो शो रद्द करो, इसकी लंबाई बढ़ाओ या टिकट की कीमतें कम करो।

फाल्के ने विनम्रता से इन सुझावों को खारिज कर दिया।

उन्होंने गुजराती भाषा में एक विज्ञापन जारी किया, जिसमें लोगों से केवल भारतीय एक आने के लिए 'तीन-चौथाई इंच चौड़ाई और दो मील लंबाई की 57,000 तसवीरें' देखने का आह्वान किया। उन्होंने शहर के चौराहे पर फिल्म के कुछ दृश्यों को अपने अभिनेताओं से भी करवाया। प्रचार का वांछित प्रभाव पड़ा और कमाई बढ़कर 300 रुपए हो गई।

बाद में फिल्म को पुणे, कोलंबो, लंदन और रंगून में मराठी और हिंदी भाषा के इंटरटाइटल के साथ प्रदर्शित किया गया।

बॉक्स ऑफिस सफलता

फिल्म समीक्षकों का मानना है कि फिल्म ने (विभिन्न स्थानों पर एक व्यापक प्रभाव डाला और दर्शकों में बड़ी अपील की) और इसकी बॉक्स ऑफिस सफलता ने देश में स्वीकृति की मुहर और फिल्म उद्योग की नींव रखी।

एक निर्देशक एवं छायाकार बताते हैं कि फिल्म को आंशिक रूप से सीधे धूप में तथा बाहरी स्टूडियो में शूट किया गया था, जिसमें सफेद मलमल द्वारा नरम और विसरित प्रकाश उत्पन्न करनेवाले सूर्य के प्रकाश को अवरुद्ध किया गया था। वे टोनल ग्रेडेशन, लाइटिंग और कैमरा मूवमेंट की सराहना करते हैं। वे उस दृश्य को भी बताना नहीं भूलते, जहाँ भगवान् प्रकट होते हैं और ऋषि विश्वामित्र के यज्ञकुंड के धुएँ के पीछे से गायब हो जाते हैं, जिससे यह आभास होता है कि दृश्य एक ही शॉट में फिल्माया गया था।

एक फिल्म समीक्षक बताते हैं कि हालाँकि फिल्म में शीर्षक अंग्रेजी और हिंदी में थे, फिल्म में 'अनिश्चित रूप से कुछ महाराष्ट्रीयन था'। उन्होंने यह भी उल्लेख किया है कि फिल्म में देशों की आंतरिक वास्तुकला और पोशाक उत्तर भारतीय की तुलना में डेक्कन पेशवाई शैली की अधिक है।

दर्शकों को सिनेमा में आकर्षित करने के लिए फिल्म की कथा-शैली को पेंटिंग, थिएटर और पारंपरिक कला से उधार लिया गया था। फिल्म के लिए इस्तेमाल किए गए प्रोजेक्टर की 16 से 18 फ्रेम प्रति सेकंड की गति की तुलना में 24 फ्रेम प्रति सेकंड की वर्तमान प्रोजेक्टर गति के कारण फिल्म के दृश्य तेजी से चलते प्रतीत होते हैं।

परेश मोकाशी द्वारा निर्देशित 2009 की मराठी फिल्म 'हरिश्चंद्रची फैक्टरी' (हरिश्चंद्र की फैक्टरी) में दादासाहेब फाल्के की फिल्म 'राजा हरिश्चंद्र' के निर्माण को दरशाया गया है। फिल्म ने 56वें राष्ट्रीय फिल्म पुरस्कारों में मराठी में सर्वश्रेष्ठ फीचर फिल्म के लिए राष्ट्रीय फिल्म पुरस्कार जीता। इसे 62वें ब्रिटिश अकादमी फिल्म पुरस्कारों के साथ सर्वश्रेष्ठ विदेशी भाषा फिल्म श्रेणी में 82वें अकादमी पुरस्कारों में भारत की आधिकारिक प्रविष्टि के रूप में चुना गया था।

मौजूदा प्रिंट

इस फिल्म की मूल लंबाई 3,700 फीट (1,100 मीटर) या लगभग चार रील थी। सन् 1917 में फिल्म के आखिरी प्रिंट में लगातार घर्षण और उच्च तापमान के संपर्क में आने के कारण आग लग गई, जब इसे एक बैलगाड़ी द्वारा एक थिएटर से ले जाया जा रहा था। फाल्के ने उस भाग की उपलब्धता के लिए फिल्म को फिर से शूट किया, जो आज मौजूद है।

हालाँकि मूल फिल्म की केवल पहली और आखिरी रीलों को नेशनल फिल्म आर्काइव ऑफ इंडिया (एन.एफ.ए.आई.) में संरक्षित किया गया है, जिससे यह आंशिक रूप से खो-सी गई है। कुछ फिल्म इतिहासकारों का मानना है कि वे वास्तव में फिल्म के 1917 के रीमेक से संबंधित हिस्से हैं, जिसका शीर्षक 'सत्यवादी राजा हरिश्चंद्र' है।

नेशनल फिल्म आर्काइव ऑफ इंडिया (एन.एफ.ए.आई.) ने फिल्म की नकल की, लेकिन स्क्रीन के बाईं ओर का लगभग बीस प्रतिशत स्थानांतरण में धुँधला गया था। माना जाता था कि 8 जनवरी, 2002 को भारतीय फिल्म और टेलीविजन संस्थान में लगी आग ने 1,700 नाइट्रेट आधारित फिल्मों के साथ फिल्म की शेष रीलों को नष्ट कर दिया गया था। बाद में फाल्के के बच्चों के निजी संग्रह से प्रिंट प्राप्त किए गए। तब नेशनल फिल्म आर्काइव ऑफ इंडिया ने फिल्म को पुनर्स्थापित और डिजिटाइज किया।

पहली भारतीय फीचर फिल्म

पहली पूर्ण लंबाईवाली भारतीय फीचर फिल्म के रूप में 'राजा हरिश्चंद्र' की स्थिति पर तर्क दिया गया है। कुछ फिल्म इतिहासकार दादासाहेब तोरणे की मूक फिल्म 'श्री पुंडलिक' को पहली भारतीय फिल्म मानते हैं। तोरणे की फिल्म 'राजा हरिश्चंद्र' से लगभग एक साल पहले 18 मई, 1912 को थिएटर में रिलीज हुई थी। 'राजा हरिश्चंद्र' के पक्ष में एक तर्क दिया गया है कि 'श्री पुंडलिक' फिल्म एकल, स्थिर कैमरे का उपयोग करते हुए एक नाटक की एक सिनेमैटोग्राफिक रिकॉर्डिंग भर है और इसे एक ब्रिटिश कैमरामैन द्वारा

लंदन में संसाधित फिल्म स्टॉक के साथ फिल्माया गया था।

अत: भारत सरकार 'राजा हरिश्चंद्र' को पहली भारतीय फीचर फिल्म के रूप में मान्यता देती है। सन् 1969 में भारत सरकार द्वारा भारतीय सिनेमा में फाल्के के योगदान को मनाने के लिए सिनेमा में देश के सर्वोच्च पुरस्कार 'दादासाहेब फाल्के पुरस्कार' की शुरुआत की।

□

मोहिनी भस्मासुर का निर्माण

'राजा हरिश्चंद्र' की सफलता के बाद फाल्के नासिक स्थानांतरित हो गए। अपनी अगली फिल्म के लिए उन्होंने निषाद साम्राज्य के राजा नल और विदर्भ साम्राज्य की राजकुमारी दमयंती की पौराणिक प्रेम-कहानी का चयन किया।

प्री-प्रोडक्शन पूरा करने के बावजूद फिल्मांकन शुरू नहीं हो सका, इसलिए उन्होंने मोहिनी भस्मासुर पर काम करना शुरू कर दिया, जो मोहिनी की पौराणिक कहानी, हिंदू भगवान् विष्णु के महिला अवतार और भस्मासुर, एक असुर (राक्षस) पर आधारित है।

उसी समय एक ट्रैवलिंग ड्रामा कंपनी, चित्ताकर्षक नाटक कंपनी ने नासिक का दौरा किया। फाल्के ने उसके मालिक रघुनाथराव गोखले से अनुरोध किया कि वे अपनी दो अभिनेत्रियों को फिल्म में अभिनय करने की अनुमति दें।

इस प्रकार दुर्गाबाई कामत को पार्वती तथा उनकी बेटी कमलाबाई गोखले को मोहिनी के रूप में लिया गया और वे भारतीय सिनेमा में अभिनय करनेवाली पहली महिला बनीं। यह फिल्म 3,264 फीट (995 मीटर) लंबी थी और 2 जनवरी, 1914 को ओलंपिया थिएटर, बॉम्बे में रिलीज हुई। एक

लघु कॉमेडी फिल्म 'पिठाचे पांजे' (पाव्स ऑफ फ्लोर) को फिल्म के साथ 'साइड अट्रैक्शन' के रूप में रिलीज किया गया था।

'मोहिनी भस्मासुर' सन् 1913 की भारतीय पौराणिक फिल्म है, जिसका निर्देशन धुंडीराज गोविंद फाल्के ने किया और इसमें कमलाबाई गोखले एवं दुर्गाबाई कामत ने अभिनय किया। यह भारत देश और फाल्के की दूसरी पूर्ण लंबाई वाली फीचर फिल्म थी। 'मोहिनी भस्मासुर' ऐसी पहली भारतीय फिल्म है, जिसमें महिला कलाकारों ने अभिनय किया।

फिल्म की कहानी

फिल्म की कहानी मोहिनी और भस्मासुर, एक असुर (दानव) की हिंदू पौराणिक कहानी के विषय के इर्द-गिर्द घूमती है। भगवान् शिव भस्मासुर को किसी के भी सिर को छूकर भस्म करने की शक्ति प्रदान करते हैं। दानव स्वयं शिव पर शक्ति का उपयोग करने का निर्णय लेता है। शिव भयभीत होकर भागते हैं। घटनाओं के दुर्भाग्यपूर्ण मोड़ को देखते हुए भगवान् विष्णु स्वयं मोहिनी—एक अति सुंदर स्त्री में बदल जाते हैं और भस्मासुर को मंत्रमुग्ध कर देते हैं। भस्मासुर उनसे शादी करने के लिए कहता है। मोहिनी सहमत हो जाती है, लेकिन केवल इस शर्त पर कि भस्मासुर वैसा ही नृत्य करे, जैसा मोहिनीरूपी विष्णुजी करते हैं। नृत्य के दौरान वह अपना हाथ अपने सिर पर रखती है। भस्मासुर वही नकल करता है और बदले में खुद को भस्म कर लेता है।

फिल्म की लंबाई 32,554 फीट (9,922 मीटर) थी।

कलाकार

कमलाबाई गोखले : मराठी मंच अभिनेत्री, भारतीय सिनेमा की पहली महिला अभिनेत्री, कमला बाई एक बॉलीवुड अभिनेत्री रहीं, जिन्हें 'मोहिनी भस्मासुर' (1913), 'शहर का जादू' (1934), 'अमीरजादी' (1934) इत्यादि फिल्मों के लिए जाना जाता है।

उनकी पहली स्टेज उपस्थिति चार साल की उम्र में थी। 1912-1913

के आसपास भारत के अग्रणी फिल्म-निर्माता दादासाहेब फाल्के अपनी फिल्म 'मोहिनी भस्मासुर' के लिए कास्टिंग कर रहे थे और उन्होंने मुख्य भूमिका, मोहिनी, के लिए कमलाबाई को चुना। कमलाबाई 15 साल की उम्र में ही एक सेलिब्रिटी बन चुकी थीं।

दुर्गाबाई कामत : बॉलीवुड अभिनेत्री दुर्गाबाई कामत को 'मोहिनी भस्मासुर' (1913), 'भीमसेन द माइटी' (1930) फिल्मों के लिए जाना जाता है।

कमलाबाई गोखले ने 'मोहिनी भस्मासुर' फिल्म में मोहिनी की मुख्य भूमिका निभाई थी। मोहिनी भस्मासुर पहली भारतीय फिल्म थी, जिसमें महिला कलाकार की भूमिका में महिलाओं को लिया गया था। कमलाबाई गोखले, जिसे तब कमला कामत कहा जाता था, मराठी मंच की एक स्थापित अभिनेत्री को नायिका के रूप में लिया गया और उनकी माँ दुर्गाबाई कामत ने पार्वती की भूमिका निभाई।

उस समय कमलाबाई केवल 13 वर्ष की थी। हालाँकि एक ऐसे युग में, जहाँ प्रदर्शन कला में महिलाओं की तुलना गंदी स्त्रियों से की जाती थी, इनके अभिनय ने भी इस प्रवृत्ति को नहीं बदला और पुरुष अभिनेताओं ने वर्षों तक सिनेमा में महिला भूमिकाएँ करना जारी रखा।

फिल्म प्रोडक्शन

धुंडीराज गोविंद फाल्के द्वारा निर्मित और निर्देशित 'मोहिनी भस्मासुर' मूक फिल्म युग की दूसरी ब्लैक एंड व्हाइट फीचर फिल्म थी।

उनकी पत्नी सरस्वती फाल्के परदे के पीछे की महिला थीं, जो फिल्म-निर्माण में अपने पति की प्रबंधक और तकनीकी सहायक थीं।

'मोहिनी भस्मासुर' का अधिकांश भाग खुले ग्रामीण इलाकों में शूट किया गया था। वह दृश्य जहाँ भस्मासुर अपने सिर पर हाथ रखता है और राख हो जाता है, फाल्के ने अभिनेता के साथ शूटिंग की और फिर भस्मासुर के जलने का प्रभाव देते हुए अभिनेता के साथ दुबारा शूटिंग की।

फाल्के की पहली तीन फिल्में आठ महीने में बिना फिल्म स्टूडियो के हाथ से चलनेवाली मशीनों द्वारा और एक क्रू का उपयोग करके बनाई गई थीं, जिन्हें पहले फिल्म का कोई अनुभव नहीं था। तीनों फिल्में अत्यधिक सफल रहीं और फाल्के अपने कर्ज का भुगतान करने में सफल हो गए, जिसे उन्होंने फिल्म बनाने के लिए हासिल किया था।

पहला डांस नंबर

कमलाबाई, जो एक मंच अभिनेत्री थी, उसने भारतीय सिनेमा में नायिका की भूमिका में पहला डांस नंबर किया। नृत्य आइटम में उसने मोहिनी की भूमिका निभाई। उसने भस्मासुर राक्षस को उसकी मृत्यु के लिए मोहक नृत्य के साथ लुभाया। फाल्के ही इस नृत्य आइटम के कोरियोग्राफर थे और वे हिंदू मंदिरों की मूर्तियों, अजंता की गुफाओं में बौद्ध भित्तिचित्र, देवदासी (मंदिर-नर्तक) परंपरा और तमाशा लोक रूप से नृत्य से प्रेरित थे।

नवंबर 1913 में पहली बार 'मोहिनी भस्मासुर' की स्क्रीनिंग की गई। एक मिनट की लघु कॉमेडी फिल्म 'पिठाचे पांजे' (पाव्स ऑफ फ्लोर) को फिल्म के साथ एक 'साइड अट्रैक्शन' के रूप में रिलीज किया गया था।

□

सत्यवान सावित्री

सन् 1914 में तीसरी भारतीय मूक फिल्म फाल्के की फिल्म 'सत्यवान सावित्री' थी, जो सत्यवान और सावित्री की किंवदंतियों पर आधारित थी।

किंवदंती के अनुसार, राजकुमारी सावित्री ने सत्यवान नाम के एक निर्वासित राजकुमार से शादी की, जिसकी जल्दी मरने की भविष्यवाणी की गई थी। किंवदंती का बाद का हिस्सा सावित्री की बुद्धि और प्रेम पर केंद्रित है, जिसने उसके पति को मृत्यु के देव यम से बचाया।

यह फिल्म 3,680 फीट (1,120 मीटर) लंबी थी और यह फिल्म भी राजा हरिश्चंद्र की तरह व्यावसायिक रूप से सफल रही और 6 जून, 1914 को प्रदर्शित की गई।

□

दूसरी लंदन-यात्रा और वित्तीय संकट

तीन फिल्मों के निर्माण और सफलता के साथ ही फाल्के अपने सारे कर्ज चुकाने में सक्षम हो गए। देश के विभिन्न थिएटर प्रबंधकों द्वारा फिल्म की प्रतियों की भारी माँग थी। फिल्मों की जबरदस्त प्रतिक्रिया को देखते हुए उन्होंने लगभग 30,000 रुपए की इलेक्ट्रॉनिक मशीनरी खरीदने का फैसला किया और 1 अगस्त, 1914 को अपनी तीनों फिल्मों को लेकर लंदन रवाना हो गए।

'बायोस्कोप सिने वीकली' के मिस्टर केपबर्न, जिन्होंने फाल्के की पहली लंदन यात्रा के दौरान मदद की थी, ने लंदन में फिल्मों की कुछ स्क्रीनिंग की व्यवस्था की। फिल्मों को उनके तकनीकी पहलुओं के लिए सराहा गया। वाल्टन स्टूडियो के सेसिल हेपवर्थ सहित विभिन्न निर्माताओं ने फाल्के से इंग्लैंड में फिल्मों का निर्माण करने का अनुरोध किया।

हेपवर्थ ने फाल्के के सामने इंग्लैंड में भारतीय फिल्मों का निर्माण करने के लिए एक प्रस्ताव रखा, जिसमें भारत से कलाकारों और क्रू को लाया जाना था; जिनके यात्रा, आवास एवं बोर्डिंग पर खर्च और वेतन का भुगतान हेपवर्थ द्वारा किया जाता। फाल्के को 20 प्रतिशत लाभ के साथ 300 पाउंड मासिक वेतन की पेशकश की गई।

फाल्के ने इस प्रस्ताव को अस्वीकार कर दिया और हेपवर्थ को समझाया कि वे भारत में फिल्में बनाना जारी रखेंगे। वार्नर ब्रदर्स ने भी 200 फिल्म प्रतियाँ खरीदने की पेशकश की, जिस पर फाल्के सहमत हो गए। हालाँकि आधिकारिक समझौतों पर हस्ताक्षर होने से पहले फाल्के को अपने स्टूडियो की चिंताजनक स्थिति के बारे में खबर मिलने के बाद भारत वापस आना पड़ा।

भारत लौटने पर फाल्के ने देखा कि प्रथम विश्वयुद्ध के कारण वित्तीय स्थिति खराब हो गई है। उनके निवेशक ने पूँजी को आगे बढ़ाना बंद कर दिया और स्टूडियो को बंद करने के लिए कहा। उन्होंने लंदन में खरीदे गए उपकरण लाने के लिए ऋण के लिए यशवंतराव नाडकर्णी और अबासाहेब चिटनिस से संपर्क किया। उन्होंने शॉर्ट टर्म बेसिस पर राशि का आधा भुगतान करने की पेशकश की।

चल रहे विश्वयुद्ध के कारण फाल्के को भी रॉ-फिल्मों की कमी का सामना करना पड़ा और उन्होंने कुछ लघु फिल्में बनाने का फैसला किया। उन्होंने स्टूडियो की सुरक्षा पर ऋण प्राप्त किया और 'राजा श्रीयाल' पर काम करना शुरू कर दिया। हालाँकि फिल्मांकन शुरू हो गया, लेकिन विभिन्न कारणों से इसे पूरा नहीं किया जा सका।

अपनी अगली फिल्म हेतु पूँजी पाने के लिए फाल्के ने स्वदेशी आंदोलन के नेताओं से संपर्क किया। उन्होंने समाचार-पत्रों में एक विज्ञापन भी प्रकाशित किया और हैंडबिल वितरित कर मदद की अपील की, साथ ही ब्याज सहित पुनर्भुगतान का आश्वासन दिया।

हालाँकि विज्ञापन पर केवल तीन लोगों ने प्रतिक्रिया दी। उनमें से एक ने 'दैनिक संदेश' अखबार में एक पत्र प्रकाशित किया, जिसमें भारतीय होमरूल आंदोलन के नेताओं ने अपील की, जो चाहते थे कि कोई भी ऋण दिए जाने से पहले फाल्के आंदोलन में शामिल हों।

भारतीय राष्ट्रवादी नेता बाल गंगाधर तिलक ने फाल्के की मदद करने की कोशिश की, लेकिन सफलता नहीं मिली।

सन् 1916 के दौरान फाल्के ने धन जुटाने के लिए अपनी फिल्मों के साथ एक लंबा दौरा किया। उन्होंने औंध, ग्वालियर, इंदौर, जामखंडी और मिराज रियासतों में अपनी फिल्में दिखाईं। औंध के राजा ने 1,000 रुपए दिए और इंदौर की राजकुमारी ने अपने शो के भुगतान के रूप में 1,500 रुपए और 5,000 रुपए का ऋण प्रदान किया।

बॉम्बे से नासिक में स्थानांतरित होने के दौरान राजा हरिश्चंद्र की नेगेटिव फिल्म खो गई थी, इसलिए फाल्के ने इसे 'लगभग एक ही स्क्रिप्ट, कास्ट और अन्य सभी चीजों' के साथ फिर से फिल्माया तथा इस बार इसे 'सत्यवादी राजा हरिश्चंद्र' के रूप में रिलीज किया, जो 2,944 फीट (897 मीटर) लंबी थी।

यह फिल्म 3 अप्रैल, 1917 को आर्यन सिनेमा, पूना में प्रदर्शित हुई थी। उन्होंने फाइनेंसरों को फिल्म-निर्माण प्रक्रिया समझाने के लिए एक वृत्तचित्र 'हाउ मूवीज आर मेड' भी बनाई, लेकिन इससे कोई फायदा नहीं हुआ।

फाल्के को मई 1917 में नासिक में आयोजित 'बॉम्बे प्रांतीय कांग्रेस परिषद्' के सत्र के लिए आमंत्रित किया गया, जहाँ लोकमान्य तिलक ने उनकी मदद करने की अपील की और जी.एस. खापर्डे के अनुरोध पर उनके स्टूडियो भी गए।

तिलक द्वारा की गई अपील का वांछित प्रभाव पड़ा और फाल्के ने एक नई फिल्म, 'लंका दहन' शुरू करने के लिए पर्याप्त पूँजी एकत्र कर ली।

□

लंका दहन : डबल रोलवाली पहली फिल्म

'लंका दहन' दादासाहेब फाल्के द्वारा निर्देशित 1917 की चौथी भारतीय श्वेत-श्याम मूक फिल्म है। कलाकार अन्ना सालुंके, जिन्होंने फाल्के की 'राजा हरिश्चंद्र' में रानी तारामती की भूमिका निभाई थी, ने इस फिल्म में दो भूमिकाएँ निभाईं।

चूँकि महिलाओं का फिल्मों में काम करना बुरा माना जाता था, इसलिए पुरुषों ने ही महिला पात्रों को निभाया। सालुंके ने राम के पुरुष चरित्र के साथ-साथ उनकी पत्नी सीता के महिला चरित्र को भी निभाया। इस प्रकार उन्हें भारतीय सिनेमा में पहली दोहरी भूमिका निभाने का श्रेय दिया जाता है।

फिल्म कथासार

अयोध्या के राजकुमार राम को चौदह वर्ष की अवधि के लिए वन में निर्वासित कर दिया गया। उनके साथ उनकी पत्नी सीता और भाई लक्ष्मण भी हैं। राक्षसराज रावण, जो सीता से विवाह करना चाहता था और इसलिए उनका जंगल से अपहरण कर लेता है। अपनी पत्नी सीता की तलाश में राम हनुमान से मिलते हैं। हनुमान राम के बहुत बड़े भक्त हैं और सीता को खोजने का वादा करते हैं।

हनुमान लंका द्वीप के लिए उड़ान भरते हैं और वहाँ सीता को ढूँढ़ लेते हैं। वे उन्हें बताते हैं कि वे राम के बहुत बड़े भक्त हैं और राम जल्द ही उन्हें वापस लेने आनेवाले हैं। अपनी पहचान साबित करने के लिए वे उन्हें राम की अँगूठी देते हैं।

अपनी वापसी यात्रा पर उन्हें रावण के सैनिकों ने गिरफ्तार कर लिया। जब अदालत में पेश किया गया तो रावण ने हनुमान की पूँछ में आग लगाने का आदेश दिया। हनुमान तब अपना बंधन तोड़ते हैं और उड़ जाते हैं। अपनी पूँछ में आग लगाकर वे लंका को जलाने लगते हैं। पूरी लंका में आग लगाने के बाद हनुमान छलाँग लगाते हैं और महासागर में आग बुझाते हैं।

कलाकार

- अन्ना सालुंके राम और सीता के रूप में
- गणपत जी. शिंदे हनुमान के रूप में
- डी.डी. डाबके
- मंदाकिनी फाल्के

चूँकि फिल्म एक हिंदू पौराणिक विषय पर आधारित थी, इसलिए इसे दर्शकों ने खूब सराहा। जब फिल्म को मुंबई में दिखाया गया और जब भगवान् राम स्क्रीन पर दिखाई देते थे तो दर्शक अपने जूते उतार देते थे।

फिल्म को लोगों ने खूब पसंद किया। ट्रिक फोटोग्राफी और फिल्म में इस्तेमाल किए गए विशेष प्रभावों ने दर्शकों को काफी रोमांचित किया।

फिल्म 3,000 फीट (910 मीटर) लंबी या तीन रील की थी। इसे 17 सितंबर, 1917 को पूना के आर्यन सिनेमा में प्रदर्शित किया गया।

जब फिल्म को वेस्ट एंड सिनेमा, बॉम्बे में दिखाया गया तो शो अगली सुबह 7 बजे से 3 बजे तक आयोजित किए गए और इसने दस दिनों में 32,000 रुपए एकत्र किए। फिल्म व्यावसायिक रूप से सफल रही और फाल्के अपनी कमाई से अपना सारा कर्ज चुका सकते थे।

एक फिल्म इतिहासकार के अनुसार, टिकट काउंटरों से सिक्कों को बोरियों में एकत्र किया जाता था और बैलगाड़ियों पर निर्माता के कार्यालय तक पहुँचाया जाता था। बॉम्बे में मैजेस्टिक सिनेमा में लंबी कतारें लगती थीं, जहाँ लोग टिकट के लिए लड़ते थे, क्योंकि फिल्म ज्यादातर हाउसफुल चलती थी।

□

हिंदुस्तान सिनेमा फिल्म्स कंपनी की स्थापना

'लंका दहन' की शानदार सफलता ने फाल्के को पहले की तरह सुर्खियों में ला दिया। एक फिल्म निर्माता के रूप में उनके अनुभवों पर 'नवयुग' में उनके लेखों की श्रृंखला ने भी उनके लिए सहानुभूति पैदा की। वित्त के कई प्रस्ताव आए। विभिन्न व्यवसायी फाल्के के साथ साझेदारी के लिए लालायित हो उठे।

बाल गंगाधर तिलक, रतनजी टाटा और सेठ मनमोहनदास रामजी ने 3,00,000 रुपए की पूँजी एकत्र की और 'फाल्के फिल्म्स कंपनी' को एक लिमिटेड कंपनी में बदलने के लिए फाल्के से संपर्क किया। 1,50,000 रुपए के अतिरिक्त निवेश के साथ यह निर्णय लिया गया कि प्रस्तावित कंपनी में फाल्के के पास 1,00,000 रुपए के शेयर और लाभ का 75 प्रतिशत हिस्सा होगा तथा शेष धन अन्य शेयरधारकों के बीच वितरित किया जाएगा। हालाँकि पार्टनरशिप डीड के एक क्लॉज पर योजना को अंतिम रूप नहीं दिया जा सका। फाल्के ने अभिनेत्री फातमा बेगम द्वारा दिए गए 1,00,000 रुपए के प्रस्ताव को भी ठुकरा दिया।

सभी प्राप्त प्रस्तावों में बॉम्बे स्थित कपड़ा उद्योगपतियों का एक अन्य समूह—वी.एस. आप्टे, मायाशंकर भट्ट, एल.बी. फाटक, माधवजी जेसिंग और गोकुलदास दामोदर भी उन्हें धन देने के लिए सहमत हुए। फाल्के ने इन कपड़ा उद्योगपतियों के प्रस्ताव को स्वीकार कर लिया।

आप्टे से फाल्के का परिचय प्रख्यात संस्कृत विद्वान् डॉ. भंडारकर ने कराया था। यह बाद का प्रस्ताव था, जिसे फाल्के ने स्वीकार कर लिया और 1 जनवरी, 1918 को 'फाल्के फिल्म्स कंपनी' को 'हिंदुस्तान सिनेमा फिल्म्स कंपनी' में बदल दिया गया, जहाँ आप्टे को मैनेजिंग पार्टनर, फाल्के को वर्किंग पार्टनर और अन्य को वित्तीय पार्टनर के रूप में नियुक्त किया गया। फाल्के की पहले की फिल्में भी नई कंपनी की संपत्ति बन गईं।

कुछ समय तो चीजें काफी अच्छी चलीं। वित्त की अपनी चिरस्थायी चिंता से दूर, फाल्के अब अधिक रचनात्मक मामलों पर ध्यान केंद्रित कर सकते थे। उन्होंने तुरंत वह फिल्म बनाने की शुरुआत की, जिसे वे शुरू से ही बनाना चाहते थे—'श्रीकृष्ण जन्म'।

फिल्म 'श्रीकृष्ण जन्म'

'श्रीकृष्ण जन्म' फिल्म फाल्के की पिछली फिल्मों के आकार से लगभग दोगुनी थी। नवगठित कंपनी के लिए यह पहली फिल्म थी, जहाँ फाल्के की छह वर्षीय बेटी मंदाकिनी ने कृष्ण की मुख्य भूमिका निभाई। यह फिल्म 5,500 फीट (1,700 मीटर) लंबी, लगभग छह रीलों की थी और 24 अगस्त, 1918 को मैजेस्टिक सिनेमा, बॉम्बे में प्रदर्शित की गई।

यह व्यावसायिक रूप से सफल रही और इसने 3,00,000 रुपए का संग्रह किया। फिल्म को बेहतर वितरण भी मिला, क्योंकि 'हिंदुस्तान सिनेमा फिल्म्स कंपनी' ने बॉम्बे और मद्रास में क्षेत्रीय कार्यालय स्थापित किए थे।

फिल्म 'कालिया मर्दन'

'हिंदुस्तान सिनेमा फिल्म्स कंपनी' के बैनर तले फाल्के की अगली फिल्म 'कालिया मर्दन' थी, इसमें भी उनकी बेटी मंदाकिनी ने ही बाल कृष्ण

की भूमिका निभाई। 6,000 फीट (1,800 मीटर) लंबी लगभग छह रील की फिल्म 'कालिया मर्दन' में कृष्ण द्वारा जहरीले साँप कालिया की हत्या की घटना को दरशाया गया।

यह फिल्म 3 मई, 1919 को मैजेस्टिक सिनेमा, बॉम्बे में रिलीज हुई। यह व्यावसायिक रूप से सफल रही, जहाँ यह दस महीने तक चली।

हिंदुस्तान सिनेमा फिल्म्स कंपनी के तत्त्वावधान में बनी दोनों ही फिल्में बेहद लोकप्रिय साबित हुईं। इन फिल्मों को बनाने के साथ ही फाल्के ने नासिक में अपने स्टूडियो को एक मॉडल स्टूडियो बनाने की तैयारी की। इसमें एक व्यायामशाला, इनडोर और आउटडोर खेलों के लिए सुविधाएँ, एक खेत और उद्यान, एक पुस्तकालय, एक आम मेस और यहाँ तक कि एक चिड़ियाघर भी बनवाया!

तलवारबाजी और लड़ाई सिखाने के लिए प्रशिक्षकों को लगाया जाता था और एक डॉक्टर हमेशा उपस्थित रहता था। यह सब एक खुशहाल परिवार था।

□

कंपनी से मतभेद और संन्यास

'हिंदुस्तान सिनेमा फिल्म्स कंपनी' द्वारा बनाई गई दोनों फिल्में व्यावसायिक रूप से सफल रहीं, लेकिन भागीदारों के बीच मतभेद बढ़ रहे थे।

फाल्के फिल्म-निर्माण में उनके हस्तक्षेप और मनमानी से अप्रसन्न थे। फाल्के और उनके सहयोगियों के बीच मतभेद एक बार फिर इस बात को लेकर सामने आए कि स्टूडियो कैसे चलाया जाए और फिल्मों का निर्माण कैसे किया जाए। आखिरकार, 1919 में फाल्के ने कंपनी छोड़ने का फैसला किया, लेकिन उनके वकील ने 'हिंदुस्तान सिनेमा फिल्म्स कंपनी' के साथ अपने समझौते के प्रावधानों की ओर ध्यान दिलाया। समझौते की अवधि 15 वर्ष थी और यदि फाल्के ने कंपनी छोड़ने का फैसला किया, तो उन्हें 1,50,000 रुपए के लाभ का हिस्सा नहीं दिया जाएगा और कंपनी को 50,000 रुपए का भुगतान करना होगा।

मतभेदों को सुलझाने के असफल प्रयासों के बाद भागीदारों ने फाल्के के सहयोगियों से संपर्क किया, ताकि उनके बाहर निकलने की स्थिति में उनकी जिम्मेदारियों को सँभाला जा सके। ये सभी 'राजा हरिश्चंद्र' (1913) से ही फाल्के से जुड़े हुए थे और फाल्के द्वारा फिल्म-निर्माण के विभिन्न

विभागों को सँभालने के लिए प्रशिक्षित किए गए थे।

उनकी सहमति से भागीदारों ने मामा शिंदे, अन्ना सालुंके, गजानन साने, त्र्यंबक बी. तेलंग, दत्तात्रेय तेलंग और नाथ तेलंग के साथ आवश्यक समझौतों पर हस्ताक्षर किए। बढ़ते मतभेदों के साथ फाल्के ने कंपनी छोड़ने का फैसला किया और अपने परिवार के साथ काशी के लिए प्रस्थान किया। उन्होंने अपनी सेवानिवृत्ति की घोषणा की और नवयुग में प्रकाशित एक लेख में अपने विचार व्यक्त किए।

सन् 1919 में फाल्के का संन्यास लेने का फैसला थोड़ा समय से पहले का था। वे तब 49 वर्ष के थे और अभी भी एक स्वस्थ सक्रिय व्यक्ति थे।

□

काशी में रंगभूमि के साथ नाटक लेखन

जैसाकि पहले बताया गया है कि 'हिंदुस्तान सिनेमा फिल्म्स कंपनी' से बढ़ते मतभेदों के साथ फाल्के ने कंपनी छोड़ने का फैसला कर लिया। उन्होंने अपनी सेवानिवृत्ति की घोषणा की और 'नवयुग' में प्रकाशित एक लेख में इस बारे में अपने विचार व्यक्त किए। इसके बाद वे अपने परिवार के साथ काशी आ गए।

काशी में अपने प्रवास के दौरान फाल्के ने एक घुमंतू ड्रामा कंपनी 'किर्लोस्कर नाटक मंडली' के कई हिंदी नाटक देखे।

सन् 1880 में बलवंत पांडुरंग किर्लोस्कर, जिन्हें अन्नासाहेब किर्लोस्कर के नाम से जाना जाता था, द्वारा स्थापित 'किर्लोस्कर नाटक मंडली' मराठी रंगमंच में अग्रणी और सफल प्रदर्शन करनेवाली कंपनी थी। यह 1913 तक मराठी भाषा में प्रमुख प्रदर्शन करनेवाली कंपनी थी। किर्लोस्कर की मृत्यु के बाद इसने किर्लोस्कर के शकुंतल और सौभद्र के अलावा गोविंद बल्लाल देवल और श्रीपाद कृष्ण कोल्हाटकर के नाटक प्रस्तुत किए। इसने उस समय ब्रिटिश राज के तहत उत्तर भारत में महाराष्ट्र, कर्नाटक और मराठा रियासतों—इंदौर, बड़ौदा, ग्वालियर आदि में व्यापक दौरा किया। मंडली में बाल गंधर्व, गोविंदराव तेम्बे, मास्टर कृष्णराव और गणेश बोदास सहित कई

स्टार गायक-अभिनेता थे। मास्टर मनहर बर्वे, उनके पिता गणपतराव बर्वे और शंकर बापूजी मुजुमदार तथा उपन्यासकार नारायण हरि आप्टे जैसे कंपनी से जुड़े पेशेवर फाल्के के दोस्त थे।

वे सभी नाटक, सिनेमा, संगीत और साहित्य के विभिन्न पहलुओं के बारे में नियमित चर्चा करते थे। ऐसी ही एक मुलाकात के दौरान फाल्के ने नाटक लिखने की इच्छा जाहिर की थी। उन्होंने लगभग ढाई महीने में एक मराठी भाषा का नाटक 'रंगभूमि' लिखकर पूरा किया। यह अर्ध-आत्मकथात्मक नाटक तत्कालीन समकालीन रंगमंच और मंच स्थितियों पर एक व्यंग्य था।

दादासाहेब फाल्के का बनारस में ब्रह्माघाट और दुर्गा घाट पर गुमनाम जीवन बिताना काफी अहम साबित हुआ। दुर्गाघाट के निकट स्थित आंग्रे का बाड़ा में उनकी भेंट लोकमान्य बाल गंगाधर तिलक से हुई। संयोगवश तब तक लोकमान्य बाल गंगाधर तिलक इसी घाट से सन् 1899 में उत्तर भारत में पहली बार गणपति बप्पा उत्सव की शुरुआत कर चुके थे। इसी सिलसिले में उनका यहाँ हर साल आना-जाना लगा रहता था।

घाट पर 'रंगभूमि' नाटक के मंचन के दौरान कई दृश्यों को तिलक ने एकाग्रचित्त होकर देखा और उसका भाव समझा। स्टेज पर नाटक के मंचन से संबंधित सभी जरूरतों को पूरा करने का वादा भी फाल्के से किया। तिलक उनके इस मराठी नाटक से इतने प्रभावित हुए कि अपने मराठी अखबार 'केसरी' में उनकी फिल्मों और रचनाओं का प्रकाशन कर वृहद् स्तर पर प्रोत्साहित किया।

थिएटर में सार्वजनिक प्रदर्शन से पूर्व फाल्के ने आर्यन सिनेमा, पूना में लगभग एक वर्ष तक नाटक के पूर्वाभ्यास का आयोजन भी किया। 'रंगभूमि' का मंचन करने के लिए विभिन्न पेशेवर नाटक कंपनियों ने फाल्के से संपर्क किया, लेकिन उन्होंने 1922 में बॉम्बे के बालीवाला थिएटर में इसका मंचन किया।

यह सात अभिनयवाला नाटक था, इसलिए फाल्के ने इसे दो भागों में विभाजित करने का फैसला किया; एक रात में चार कृत्यों का मंचन किया

गया और शेष तीन का अगली रात को मंचन किया गया। प्रदर्शन केवल तीन शहरों, बॉम्बे, पूना और नासिक में आयोजित किए गए थे। 75,000 रुपए के बजट के साथ बने इस नाटक को बहुत ही उदासीन प्रतिक्रिया मिली। फाल्के का यह 'सामाजिक नाटक' एक प्रयोगात्मक टुकड़ा था, जहाँ पृष्ठभूमि हर घंटे बदलती थी। इसका निराशाजनक स्वागत हुआ और मराठी थिएटर सर्कल ने इसे अस्वीकार कर दिया। इससे उनका मन बड़ा खिन्न रहने लगा।

□

हिंदुस्तान सिनेमा फिल्म्स कंपनी में वापसी

काशी प्रवास के दौरान कई लोगों ने फाल्के को फिल्म उद्योग में वापस आने के लिए मनाने की कोशिश की। फाल्के ने फिल्म-निर्माता जमशेदजी फ्रामजी मदन द्वारा उनकी फिल्म कंपनी मदन थिएटर के तहत फिल्मों का निर्माण करने के प्रस्ताव को अस्वीकार कर दिया।

मराठी समाचार-पत्र 'संदेश' के संपादक अच्युत कोल्हाटकर ने फाल्के को अपने फैसले पर पुनर्विचार करने का अनुरोध किया। फाल्के ने उत्तर दिया, "जहाँ तक सिनेमा उद्योग का संबंध है, मैं मर चुका हूँ और इसमें वापस जाने का न तो मेरा कोई विचार है, न कोई झुकाव।"

कोल्हाटकर ने फाल्के के पत्र को 'दादासाहेब फाल्के मर चुके हैं' शीर्षक के साथ प्रकाशित किया। तब कई पाठकों ने पत्र लिखकर फाल्के से वापसी करने का अनुरोध किया। ये सभी पत्र 'संदेश' में प्रकाशित हुए और कोल्हाटकर ने अखबार के सभी अंक काशी में फाल्के को भी भिजवाए।

फाल्के के हिंदुस्तान सिनेमा फिल्म्स कंपनी छोड़ने के बाद कंपनी की आर्थिक स्थिति खराब हो गई और वह लड़खड़ाने लगी थी। इस बीच मालिकों ने 'भारत फिल्म कंपनी' के नाम से पुणे में एक सहायक कंपनी बनाई, जिसे दो साल (1921-1923) में बंद करना पड़ा, क्योंकि फिल्म-

निर्माण का परिदृश्य बदल गया था। वैसे भी हिंदुस्तान सिनेमा फिल्म्स कंपनी के पास अब फिल्म-निर्माण का एकाधिकार नहीं रह गया था, क्योंकि बॉम्बे और अन्य शहरों में अन्य कंपनियाँ उभरी थीं और व्यावसायिक आधार पर फिल्में बना रही थीं।

फाइनेंसरों और भागीदारों के साथ अपनी चल रही लड़ाई से थककर फाल्के कंपनी से अलग हुए थे और उन्हें वाणिज्यिक दुनिया से भी घृणा हो गई थी। इसके अलावा भागीदारों ने उन पर कई बंदिशें लगा रखी थीं, जो उसे उस तरह से काम करने की अनुमति नहीं देती थीं, जैसा वे चाहते थे। यह सब उनके कलात्मक स्वभाव के अनुकूल नहीं था।

जब वापसी का बहुत ज्यादा दबाव उन पर पड़ा तो आखिर फाल्के ने नासिक वापस लौटने का फैसला ले लिया।

फाल्के के नासिक लौटने की खबर सुनते ही कंपनी के मैनेजिंग पार्टनर वामन आप्टे ने आर्यन सिनेमा के मालिक बापूसाहेब पाठक की मदद से फाल्के को प्रोडक्शन चीफ और टेक्निकल एडवाइजर के रूप में कंपनी में वापस आने के लिए आमंत्रित किया। फाल्के तुरंत अनुरोध पर सहमत हो गए और 1,000 रुपए के मासिक वेतन पर कंपनी के एक कर्मचारी के रूप में शामिल हो गए।

हिंदुस्तान सिनेमा फिल्म्स कंपनी में शामिल होने के बाद फाल्के निर्देशित पहली फिल्म 'संत नामदेव' थी, जो 28 अक्तूबर, 1922 को प्रदर्शित हुई थी।

'संत नामदेव' एक धार्मिक-भक्ति-भावनात्मक-संगीतमय पारिवारिक ड्रामा फिल्म थी। कहानी संत नामदेव के जीवन के इर्द-गिर्द घूमती है। दादासाहेब फाल्के द्वारा निर्देशित यह मूक, लघु फिल्म, संत नामदेव के चमत्कारी जीवन पर प्रकाश डालती है, जो महाराष्ट्र के एक प्रतिष्ठित भक्ति संत और कवि हैं, जो भगवान् की भक्ति और उनकी प्रशंसा में उनके द्वारा रचित गीतों के लिए प्रसिद्ध हैं।

मतभेद बरकरार

अब यहाँ रहकर दादासाहेब उन्हें सौंपी गई जिम्मेदारियों के अलावा किसी अन्य मामले में दखल नहीं करते थे। हालाँकि दादासाहेब कंपनी के कर्मचारी थे, लेकिन साथी कर्मचारी उनके साथ सम्मानजनक व्यवहार करते थे। कंपनी के साझेदार भी असहमति के बावजूद उन्हें अपने समान मानते थे। उन्हें रजिस्टर पर हस्ताक्षर करने की आवश्यकता नहीं थी। स्टाफ के अन्य सदस्यों की तरह उन पर कोई प्रतिबंध नहीं लगाया गया था। परिवहन के लिए घोड़े द्वारा खींची जानेवाली गाड़ी जैसी सुविधाएँ उनके पास उपलब्ध थीं।

इन सबके बावजूद कला के विपरीत कंपनी की व्यापारिक कारगुजारियाँ उन्हें नागवार लगती थीं। जब भी कोई झगड़ा होता, वे घर जाकर शांत हो जाते और अगले दिन काम पर लौट आते। संक्षेप में, उनके जाने के लिए और लौटने के लिए भी दरवाजे खुले थे।

कंपनी छोड़कर जाने से पूर्व दादासाहेब ने कुछ लोगों को ट्रेंड कर दिया था, उनकी अनुपस्थिति में उनके प्रशिक्षुओं गजाननराव साने, मामा शिंदे आदि फिल्म-निर्माण के काम में लगे रहे। इससे कंपनी की मासिक आय 40,000 रुपए हो गई थी, जबकि प्रत्येक फिल्म की कीमत लगभग 10,000 रुपए थी।

फाल्के ने अपने सिनेमाई कॅरियर के दूसरे चरण में 'हिंदुस्तान सिनेमा फिल्म्स कंपनी' के साथ रहकर सात वर्षों के दौरान कुल 44 फिल्मों का निर्देशन किया। ये फिल्में हैं—

1. संत नामदेव, 2. जरासंध वध, 3. महानंदा, 4. बभ्रुवाहन, 5. शिशुपाल वध, 6. अश्वत्थामा, 7. बुद्धदेव, 8. गोरा कुंभर, 9. गुरु द्रोणाचार्य, 10. कन्या विक्रमा उर्फ शारदा, 11. कालीचा नारद उर्फ राम-मारुति युद्ध, 12. शिवाजीची अग्रीहूं सूतका, 13. नगर निगम निवादनुका और विंचवचा दानवश, 14. स्यमंतक मणि, 15. हिडिंबा बकासुर वध, 16. काकासाहेबंच्य डोल्यात जांजानित अंजन, 17. चतुर्थीचा चंद्र, 18. सत्यभामा, 19. संत एकनाथ, 20. जानकी स्वयंवर, 21. भक्त प्रह्लाद, 22. बजाजी निंबालकर, 23. रुक्मंगद मोहिनी, 24. नल दमयंती, 25. हनुमान जन्म, 26. द्रौपदी

वस्त्रहरण, 27. भक्त सुदामा, 28. रुक्मिणी हरन, 29. श्रीकृष्ण शिष्टई, 30. परशुराम, 31. भक्त दामाजी, 32. मालविका अग्निमित्र, 33. चंद्रहास, 34. वसंतसेना, 35. बोल्की तपेली, 36. संत मीराबाई, 37. कच-देवयानी, 38. मालती माधव, 39. राम-रावण युद्ध, 40. संत जनाबाई, 41. शतमुखी रावण वध, 42. रामराज्य विजय, 43. सुदर्शन और 44. कबीर कमाल।

दादासाहेब की ज्यादातर फिल्में पौराणिक विषयों पर आधारित थीं। इस कारण व्यापक समाज का उन्हें समर्थन हासिल था। उन्हें जिस पात्र पर फिल्म का निर्माण करना होता था, उसी विशेषज्ञ संत मंडली द्वारा उस पर भजन-कीर्तन कराते थे, जिससे कहानी और स्क्रिप्ट लिखने में काफी मदद मिलती थी।

सन् 1926 की फिल्म 'संत एकनाथ' का एक प्रसंग है। इसमें संन्यासी की भूमिका करनेवाला अभिनेता अपना सिर मुँड़वाने के लिए तैयार नहीं था। उसे शर्मिंदगी महसूस हुई तो दादासाहेब ने बिना चिढ़े अपना ही सिर मुँड़वा लिया। फिर अभिनेता और अन्य लोगों ने भी बिना हीला-हवाला किए खुद को क्लीन शेव करा लिया।

समय की पाबंदी

दादासाहेब के जीवन में समय की बहुत कीमत थी। इसी प्रकार वे कम शब्दों में अधिक बात किया करते थे। उन्हें फालतू बोलने की आदत नहीं थी। एक बार उनका कर्मी दल आउटडोर शूटिंग के लिए नासिक से निकटवर्ती शूटिंग लोकेशन की ओर जा रहा था। एक रेलवे क्रॉसिंग पर फाटक बंद होने के कारण उनकी गाड़ी रुक गई। कुछ लोग लघुशंका के लिए उतर गए। कुछ देर बाद गेट खुला। एक को छोड़कर सब कलाकार लौट आए। उसे ढूँढ़ा गया। नहीं मिला। दादासाहेब ने पाँच मिनट तक प्रतीक्षा की, लेकिन तब भी कलाकार वापस नहीं आया तो उन्होंने गाड़ी को आगे बढ़ने का आदेश दे दिया। थोड़ी देर बाद वह कलाकार वापस लौटा तो पाया कि कंपनी की गाड़ी जा चुकी है। शूटिंग खत्म होने के बाद जब गाड़ी लौटी तो उसे ले लिया गया।

सुबह आठ बजे से शाम छह बजे तक वह भूखा-प्यासा रेलवे फाटक के पास इंतजार करता रहा। वहाँ खाने के लिए कुछ नहीं मिला। वह पास के गाँव में जा सकता था, लेकिन उसके पास पैसे नहीं थे और दूसरी बात, अगर शूटिंग जल्दी खत्म हो जाती तो गाड़ी उसे फिर से अकेला छोड़कर नासिक वापस लौट जाती। इसी डर के चलते वह दिन भर रेलवे गेट पर इंतजार करता रहा।

साफ-सफाई और सख्त अनुशासन

गरम मिजाज के दादासाहेब एक ऐसा आतंक थे कि न केवल उनकी अपनी कंपनी में, बल्कि हिंदुस्तान फिल्म कंपनी में भी किसी की भी उनके पास पान चबाने या सिगरेट या बीड़ी पीने की हिम्मत नहीं हुई।

दादासाहेब साफ-सफाई और सख्त अनुशासन के लिए भी जाने जाते थे। उन्होंने कभी थोड़ी सी भी लापरवाही बर्दाश्त नहीं की। एक बार वे रिहर्सल के लिए स्टूडियो आए। कार्यालय में उन्होंने देखा कि इंकपॉट बिना स्टॉपर के था। दादासाहेब अपना आपा खो बैठे। उन्होंने सभी कर्मचारियों को स्टॉपर की तलाश करने के लिए कहा। उन्होंने आदेश दिया कि जब तक स्टॉपर नहीं मिल जाता, तब तक कोई रिहर्सल नहीं होगी। लेकिन काफी मशक्कत के बाद भी स्टॉपर नहीं मिला, इसलिए दादासाहेब ने उस दिन की रिहर्सल ही रद्द कर दी।

वे कहते थे कि मेरी फिल्मों की सिर्फ तारीफ न की जाए। बिना किसी डर या पक्षपात के उनकी सही आलोचना भी की जानी चाहिए, ताकि जानकार व्यक्तियों द्वारा बताई गई त्रुटियाँ और दोष अन्य निर्माताओं और निर्देशकों का मार्गदर्शन कर सकें।

त्रुटिरहित फिल्मांकन

फिल्म 'भक्त दामाजी' में एक दृश्य है, जिसमें दामाजी की पोथी से एक पन्ना अपने आप उड़ जाता है तथा तैरता हुआ आता है और पोथी पर गिर जाता है। दादासाहेब ने स्वयं इसका फिल्मांकन कराया कि पन्ना हवा में तैरता हुआ पोथी पर गिर जाता है। लेकिन जब उन्होंने रश-प्रिंट में दृश्य देखा

तो दादासाहेब ने सोचा कि फोटोग्राफर का शॉट तकनीकी रूप से सही था और उन्हें यह पसंद नहीं आया। फोटोग्राफर के कहने पर उन्होंने कहा, “कोई तकनीकी त्रुटि नहीं है, लेकिन पोथी का एक पृष्ठ कागज का एक टुकड़ा है। यह एक सीधी रेखा में कैसे तैरेगा? यह टेढ़े-मेढ़े तरीके से तैरेगा और अलग-अलग आकार ग्रहण करेगा। यह ऐसा दिखना चाहिए।”

एक अन्य उदाहरण ‘द्रौपदी वस्त्रहरण’ फिल्म के फिल्मांकन के दौरान का है। दादासाहेब ने राजा के दरबार के दृश्य का फिल्मांकन पूरा किया और जब उन्होंने रश-प्रिंट को देखा तो एक घर कम था, उनकी तेज निगाह से वह नहीं बच पाया। उनके साथी कार्यकर्ताओं ने कहा, “यह ध्यान देने योग्य नहीं है।” लेकिन दादासाहेब समझौता करनेवालों में से नहीं थे। जब उन्होंने घर की व्यवस्था की और पूरे दृश्य को फिर से फिल्माया गया, तभी वे संतुष्ट हुए।

सन् 1927 में ‘रुक्मंगद मोहिनी’ फिल्म के लिए दादासाहेब एक ऐसा दृश्य फिल्माना चाहते थे, जिसमें रुक्मंगद और मोहिनी का एक हवाई जहाज द्वारा आगमन दिखाया गया हो। इसके लिए उन्होंने स्टूडियो में रस्सी से बने और बँधे हुए एक विमान की प्रतिकृति बनवाई।

हालाँकि उन्हें लगा कि अगर रस्सी फैल गई तो विमान दुर्घटनाग्रस्त हो जाएगा और एक भयानक दुर्घटना हो जाएगी। इसलिए एहतियात के तौर पर उन्होंने जमीन से कुछ दूरी पर सरकस की तरह एक जाल इस तरह बँधवा दिया कि वह कैमरे में न दिखे। संयोग से दादासाहेब का डर सच साबित हुआ। रस्सी टूट गई और रुक्मंगद और मोहिनी के साथ विमान दुर्घटनाग्रस्त हो गया। गनीमत रही कि जाल की वजह से दोनों कलाकार बच गए। विमान और पूरे ढाँचे की मरम्मत को फिर से गुजरना पड़ा। एक बार फिर सबकुछ शूटिंग के लिए तैयार था। हालाँकि कलाकार इतने डरे हुए थे कि वे विमान में चढ़ने को तैयार नहीं थे। अंत में, दादासाहेब ने स्वयं विमान में उड़ान भरी और फिर कलाकार उसमें बैठने के लिए तैयार हुए, भले ही वे थोड़े चिंतित थे और दादासाहेब ने जैसा चाहा, वैसा ही दृश्य शूट कराया।

इसमें कोई शक नहीं कि दादासाहेब गरम स्वभाव के थे, लेकिन उन्होंने यह भी दिखाया कि शूटिंग के समय ठंडे दिमाग से कैसे किया जाता है। 'द्रौपदी वस्त्रहरण' की शूटिंग के दौरान नासिक में लाक्षागृह का सेट लगाया जा रहा था। सेट के लिए जमीन को पेंट करने के अलावा सारा काम पूरा हो चुका था। लेकिन चित्रकारों ने लापरवाही की और समय पर काम पूरा नहीं हुआ। दादासाहेब फाल्के ने उन्हें एक शब्द भी नहीं कहा और स्वयं ब्रश उठाकर जमीन को पेंट करना शुरू कर दिया, क्योंकि वे स्वयं एक चित्रकार थे। उन्हें पेंट करता देख बाकी स्टाफ के सदस्य भी पेंट के काम में लग गए और काम समय पर पूरा हो गया।

इसी फिल्म में दो योद्धाओं के बीच एक लड़ाई को शूट करना था, लेकिन दोनों योद्धा लड़ाई ठीक से नहीं कर पा रहे थे। दादासाहेब को मनचाहा फिल्मांकन प्राप्त नहीं हो रहा था। तब उन्होंने एक चाल चली। उन्होंने दोनों अभिनेताओं को अलग-अलग अपने पास बुलाया और दोनों को एक-दूसरे के खिलाफ उकसाया। इसके बाद शूटिंग शुरू हुई। दोनों योद्धा एक-दूसरे के सामने खड़े हो गए और दोनों एक-दूसरे को गालियाँ देकर लड़ाई करने लगे। क्योंकि यह एक मूक फिल्म थी, इसलिए दर्शकों को पता नहीं चलता कि वे क्या कह रहे हैं। दादासाहेब ने फौरन शूटिंग शुरू कर दी और अब दोनों योद्धा पूरे जोश के साथ एक-दूसरे पर हमला कर रहे थे। दादासाहेब को जो प्रभाव चाहिए था फिल्म में, वह उन्हें प्राप्त हो गया।

जैसे ही शूटिंग खत्म हुई, उन्होंने दोनों को बुलाया, उन्हें शांत किया और कहा, "सब भूल जाओ, वह फिल्म की कहानी का एक हिस्सा था। मैंने फिल्म में ओरिजिनल प्रभाव पाने के लिए तुम दोनों में दुश्मनी करवाई। जब तुम फिल्म देखोगे तो तुम्हारी समझ में सब आ जाएगा। अब पहले की तरह दोस्त बन जाओ।"

दोनों ने एक-दूसरे की तरफ देखा। दादा शरारत से उनकी तरफ देखकर मुसकराए और दोनों की तारीफ की कि उन्होंने बहुत अच्छा काम किया।

कामकाज के बीच फाल्के का कंपनी के मालिकों के साथ मतभेद

बना रहा और उन्होंने सन् 1929 तक सात वर्षों के दौरान इसे दो बार छोड़ दिया। जब वे पहली बार लौटे तो उन्हें 1,000 रुपए से घटाकर 500 रुपए के मासिक वेतन की पेशकश की गई। दूसरी बार, इसे घटाकर 250 रुपए कर दिया गया, जिसे उन्होंने भी स्वीकार कर लिया।

दादासाहेब जैसे स्वाभिमानी, सिद्धांतवादी कलाकार ने अपने जीवन में शानदार सफलता हासिल की, लेकिन उन्हें आर्थिक समस्याओं का सामना हमेशा करना पड़ा। यही कारण था कि उन्हें नौकरी करनी पड़ रही थी। वे अपनी स्वयं की कंपनी खड़ी नहीं कर पा रहे थे।

भागीदारी में उन्हें हमेशा समस्याओं का सामना करना पड़ा, क्योंकि वे नहीं चाहते थे कि कोई उनकी रचनात्मक क्षमताओं के बीच में बाधा उत्पन्न करे। यही वजह थी कि भागीदारों से उनकी अकसर तू-तू, मैं-मैं हो जाया करती थी।

सन् 1929 के आरंभ में एक बार वे फिर विचार करने लगे कि उन्हें अपनी कंपनी स्थापित करनी चाहिए। इसके लिए वे मुंबई, इंदौर, उज्जैन जैसे स्थानों से पूँजी जुटाने की कोशिश में लग गए। लेकिन जब इसकी खबर कंपनी के मालिक वामनराव आप्टे को हुई तो उन्होंने चेतावनी देते हुए कहा कि नौकरी के दौरान आप यह सब नहीं कर सकते; या तो नौकरी करें या इस्तीफा दे दें।

ये शब्द दादासाहेब को बेहद नागवार गुजरे। उसी पल उन्होंने हिंदुस्तान कंपनी से इस्तीफा दे दिया और एक नया कॅरियर शुरू करने का विचार करते हुए घर लौट गए।

□

फाल्के डायमंड कंपनी की स्थापना

दादासाहेब फाल्के के बाद अब फिल्मी दुनिया काफी आगे निकल चुकी थी। सन् 1920 से ही बाबूराव पेंटर अपनी फिल्म बनाने लगे थे। उनकी फिल्में ज्यादा रोचक, रोमांचक और तकनीकी रूप से बेहतर थीं। इस वजह से भारतवर्ष में उन्हें काफी ख्याति मिलने लगी थी। यही नहीं, उन्होंने अपनी फिल्म कंपनी 'प्रभात फिल्म कंपनी' के बैनर तले बहुत सारे तकनीक विशेषज्ञों, कलाकारों, लेखकों, फोटोग्राफर, कैमरामैन इत्यादि की एक अच्छी टीम खड़ी कर ली थी। जबकि दूसरी तरफ दादासाहेब इन सब चीजों को अकेले हैंडल कर रहे थे। इस वजह से भी उन्हें परेशानियों का सामना करना पड़ा था।

अब एक नई कंपनी खड़ी करने की बारी थी। काफी माथा-पच्ची के बाद फाल्के ने एक नई कंपनी, 'फाल्के डायमंड कंपनी' बनाने का फैसला किया और इसके लिए हिंदुस्तान सिनेमा फिल्म्स कंपनी के पूर्व पार्टनर मायाशंकर भट्ट से संपर्क किया।

दादासाहेब की काबिलीयत पर उन्हें कोई संदेह नहीं था, पर वे यह भी जानते थे कि वे निर्धारित बजट से अकसर आगे निकल जाया करते हैं। फिल्म-निर्माण में उनका मानना था कि उनकी फिल्में शानदार हों, माहौल

यथार्थवादी हो। फिर वे पैसे की चिंता नहीं करते थे। इस सबको देखते हुए मायाशंकर भट्ट ने उनके सामने एक महत्त्वपूर्ण शर्त यह रखी कि फिल्म तय राशि के भीतर ही पूरी होनी चाहिए।

जब दादासाहेब ने इसे स्वीकार कर लिया तो मायाशंकर भट्ट 50,000 रुपए की पूँजी देने के लिए तैयार हो गए। इसके बाद फाल्के ने 'सेतुबंधन' फिल्म पर काम शुरू कर दिया।

'सेतुबंधन' निर्माणगाथा

जैसाकि नाम से ही स्पष्ट है, यह फिल्म रामायण के एक प्रसंग—श्रीराम की देखरेख में वानरों द्वारा सागर पर बनाए गए सेतु की गाथा पर आधारित थी।

इस फिल्म के निर्माण में भी फाल्के को अनेक बाधाओं का सामना करना पड़ा। तय बजट बीच में ही खत्म हो गया। पैसे की कमी के कारण फिल्म एक साल तक रुकी रही।

फाल्के ने वामनराव आप्टे से मदद माँगी। जब हिंदुस्तान सिनेमा फिल्म्स कंपनी के वामन आप्टे ने फिल्म के सेट देखे तो वे बहुत प्रभावित हुए और फाल्के की मदद करने के लिए तैयार हो गए। उनके पूर्व साथी वामनराव आप्टे उनकी फिल्म में केवल एक शर्त पर धन लगाने के लिए तैयार हुए कि फाल्के अपनी कंपनी 'फाल्के डायमंड कंपनी' को उनकी 'हिंदुस्तान सिनेमा फिल्म्स कंपनी' के साथ विलय करवा दें।

और कोई चारा नहीं था। फाल्के फिर से एक भागीदार के रूप में कंपनी में शामिल हो गए और हिंदुस्तान सिनेमा फिल्म्स कंपनी के बैनर तले बॉम्बे के इंपीरियल फिल्म स्टूडियो में शूटिंग को स्थानांतरित कर दिया गया।

'सेतुबंधन' को पूरा होने में और दो साल लग गए। तब तक कंपनी अनुबंध के अनुसार भंग कर दी गई थी। फाल्के को एक और बाधा का सामना करना पड़ा जब भारतीय सिनेमा में सवाक् (ध्वनि) फिल्में फल-फूल रही थीं। पहली सवाक् फिल्म 'आलम आरा' (1931) के निर्देशक अर्देशिर ईरानी ने सुझाव दिया कि फाल्के मूक फिल्म 'सेतुबंधन' (1932) में ध्वनि जोड़ें।

'सेतुबंधन' में दानवों की भूमिकाओं के लिए 8-10 भारी-भरकम पहलवानों को लिया गया। वहीं हनुमान की भूमिका के लिए हरिभाऊ लोनारी को चुना गया।

हालाँकि उस समय तक महिलाओं ने फिल्मों में अभिनय करना शुरू कर दिया था, लेकिन किसी विशेष भूमिका के लिए उपयुक्त महिला कलाकार मिलना अब भी मुश्किल भरा काम था। उसी दौरान सीता की भूमिका के लिए एक सुंदर युवती ने दादासाहेब से संपर्क किया। दादासाहेब को भी वह उपयुक्त प्रतीत हुई। लेकिन जब उसे पता चला कि उसे सुंदर साड़ी और आभूषण पहनने को नहीं मिलेंगे, बल्कि मोटे कपड़े पहनकर जंगल में रहना होगा तो उसने सीता का रोल करने से मना कर दिया।

एक नासमझ महिला ने तो हद ही कर दी। उसने अपनी बड़ी बहन की सिफारिश करते हुए दादासाहेब फाल्के से कहा कि मेरी बड़ी बहन बहुत ही फुर्तीली है और हनुमान की पत्नी के रूप में भूमिका के लिए वह बिल्कुल फिट रहेगी। उसकी बात सुनकर दादासाहेब ने अपना माथा पीट लिया। आखिर में बेलगाम की मालती नाम की एक युवती का सीता की भूमिका के लिए चयन कर लिया गया।

रामायण काल के कलात्मक और भव्य सेट, त्रुटिहीन साज-सज्जा, बढ़ती तकनीकी लागत इन सबके बीच कब तय बजट समाप्त हो गया, पता ही नहीं चला। और फिल्म अभी आधी ही बनी थी।

अब तय शर्त के अनुसार, मायाशंकर भट्ट अधिक पूँजी लगाने को तैयार नहीं थे, तो सभी कार्यकलाप थम-से गए। अथक प्रयासों से अब तक किए गए कार्य समाप्त होने की कगार पर थे।

पूँजी कहीं से भी नहीं मिल पा रही थी। कर्मचारियों की देनदारी बढ़ रही थी, सो अलग। घोर आर्थिक संकट सामने खड़ा चिढ़ा रहा था। एक साल होने को आ गया, लेकिन पैसों का प्रबंध नहीं हुआ। इतने पर भी गनीमत यह रही कि वफादार सहकर्मियों ने फाल्के पर सतत आस्था बनाए रखी, लेकिन अब कंपनी को बनाए रखने की उम्मीद टूटती जा रही थी। भूखा-प्यासा

रहकर आखिर कोई कब तक संघर्ष में टिका रह सकता है। सबकी उम्मीद टूटने लगी थी।

फाल्के भीगी आँखों से सब सह रहे थे। आखिर जैसाकि ऊपर बताया गया है—उन्होंने वामनराव से मदद माँगी और दोनों कंपनियाँ एक हो गईं। अतीत की खटास भुलाकर आप्टे और दादासाहेब फिर से काम में जुट गए। और अब 'फाल्के डायमंड कंपनी' के बजाय 'हिंदुस्तान फिल्म कंपनी' के बैनर तले मुंबई के इंपीरियल फिल्म स्टूडियो में 'सेतुबंधन' की शूटिंग आरंभ हुई। एक दिन दानवों और वानरों की भूमिकाओं के लिए चुने गए चालीस बलिष्ठ नवयुवकों को मेकअप के लिए इंपीरियल स्टूडियो लाया गया। मेकअप और ड्रेसअप के बाद इन्हें देखने के लिए पूरा स्टूडियो ही उमड़ पड़ा था।

शूटिंग ठीक चल रही थी कि तभी मंदोदरी बनी इकबाल नाम की एक अभिनेत्री ने कलकत्ता जाने के लिए 3 दिन की छुट्टी माँगी। लेकिन 3 दिन के बजाय उसने पूरे 2 महीने लगा दिए। इन 2 महीनों के बीच 40 पहलवानों के दल पर खूब खर्चा करना पड़ा।

इकबाल के लौटने के बाद फिल्म की शूटिंग फिर से आरंभ हुई।

एक सीन में अंगद का रोल करनेवाले कलाकार बबनराव सूर्यवंशी को पेड़ के ऊपर से कूदना था। उसे जैसे-तैसे पेड़ पर चढ़ाया गया। नीचे जाल लगा दिया गया, ताकि गिरने पर शरीर को किसी प्रकार की हानि न हो। अंगद जैसे ही पेड़ से कूदा, डर के मारे उसने अपनी आँखें बंद कर लीं। इस वजह से शूटिंग दोबारा करनी पड़ी। दोबारा बबनराव को पेड़ पर चढ़ाया गया और दादासाहेब ने कहा कि बहादुर अंगद कूदते समय आँखें बंद कैसे कर सकता है। इस बार अंगद ने वैसा ही किया और शॉट ओके हो गया।

'सेतुबंधन' फिल्म में दादासाहेब में ट्रिक फोटोग्राफी का बखूबी इस्तेमाल किया। इससे दादासाहेब की रचनात्मक क्षमता का पता चलता है। एक दृश्य में एक दानव का सिर शरीर से अलग हो जाता है, जिसे दानव अपनी दैविक शक्तियों से फिर से शरीर पर जोड़ लेता है। फिल्म में इस दृश्य को देखकर दर्शक दंग रह गए थे।

एक अन्य सीन में दादासाहेब ने रेत और हीटर की सहायता से एक कृत्रिम झरना तैयार किया और जब शूट किया गया तो वह बिल्कुल वास्तविक लगा।

'सेतुबंधन' की अधिकतर शूटिंग रामेश्वरम और रत्नागिरि के समुद्र तट पर हुई। पानी पर तैरते पत्थर दिखाने के लिए दादासाहेब ने गत्ते के साँचों के कृत्रिम पत्थर तैयार करवाए और उन्हें पानी पर तैराया गया। शूटिंग के बाद फिल्म में वे बिल्कुल असली पत्थर जैसे दिखाई दिए।

दादासाहेब शुद्ध शाकाहारी थे, लेकिन वे सभी लोगों के साथ बैठकर भोजन किया करते थे। कुछ मांसाहारी लोगों ने एक बार जब अलग बैठकर भोजन करने की कोशिश की तो उन्होंने विरोध प्रकट किया और कहा कि तुम्हारे मांसाहार करने से मुझे कोई आपत्ति नहीं है, लेकिन इस तरह अलग बैठकर भोजन करने में आपत्ति जरूर है। उन्होंने जाति और संप्रदाय का सदैव विरोध किया। उनकी कंपनी में सभी जातियों के लोग हिल-मिलकर काम किया करते थे।

'सेतुबंधन' को पूरा होने में दो साल लग गए। चूँकि 'सेतुबंधन' एक मूक फिल्म थी, इसलिए इसे प्रदर्शित करने के लिए थिएटर मिलना मुश्किल हो रहा था। तब इंपीरियल फिल्म कंपनी के अर्देशिर ईरानी ने अपने स्टूडियो में 'सेतुबंधन' में ध्वनि जोड़ने का सुझाव दिया।

यह महसूस करते हुए कि मूक फिल्मों का अब कोई भविष्य नहीं है, दादासाहेब 'सेतुबंधन' की डबिंग के लिए राजी हो गए। इस पर चालीस हजार का खर्च आ रहा था।

इस प्रकार दादासाहेब फाल्के ही किसी फिल्म की डबिंग करानेवाले पहले व्यक्ति बने। इस फिल्म को हिंदी में डब किया गया था। 1934 में 'सेतुबंधन' की स्क्रीनिंग हुई, यानी इसमें तीन साल लग गए। लेकिन इसके बावजूद फिल्म बॉक्स ऑफिस पर फ्लॉप हो गई और दादासाहेब फिर से आर्थिक समस्याओं से घिर गए।

□

गंगावतरण का अवतरण

फाल्के का समय कठिन चल रहा था। काम ज्यादा नहीं था। उन्होंने चीनी मिट्टी के बरतन बनाने में हाथ आजमाया, साथ ही इटालियन स्पेगेटी तैयार करना, साबुन बनाना और हाइपो से चाँदी का उत्पादन जैसे कुटीर उद्योग शुरू किए। वे इन उपक्रमों में सफल भी हुए। हालाँकि व्यय लाभ से अधिक था, इसलिए आशातीत सफलता हाथ नहीं लगी।

इसी बीच फिल्मों की बढ़ती लोकप्रियता से प्रेरित होकर सन् 1934 में कोल्हापुर रियासत के महाराजा राजाराम तृतीय ने अपनी एक फिल्म कंपनी 'कोल्हापुर सिनेटोन' गठित की। अब उन्हें इसके संचालन के लिए एक अनुभवी निर्देशक की आवश्यकता थी। ऐसे में दादासाहेब फाल्के का नाम सबसे आगे था।

महाराजा राजाराम ने यह सोचकर कि यदि दादासाहेब फाल्के जैसे विश्वप्रसिद्ध फिल्म निर्देशक उनकी फिल्म बनाएँगे तो इससे दोनों को ही फायदा होगा, अत: दिसंबर 1934 में कोल्हापुर रियासत के महाराजा राजाराम ने फाल्के को अपनी फिल्म कंपनी 'कोल्हापुर सिनेटोन' के बैनर तले एक—बोलती फिल्म या टॉकीज—बनाने के लिए आमंत्रित किया।

लेकिन कंपनियों में काम के दौरान दादासाहेब अपने फिल्म-निर्माण के

दौर में अनावश्यक और बेजा हस्तक्षेप के दौर से गुजर चुके थे, जोकि उन्हें बर्दाश्त नहीं था, इसलिए दादासाहेब ने महाराजा राजाराम के निमंत्रण को सादर अस्वीकार कर दिया।

लेकिन कोल्हापुर के महाराजा ने हार नहीं मानी और कई जगह से अपनी सिफारिश फाल्के तक पहुँचाई और उन्हें मनाने की भरपूर कोशिश की गई। आखिर उनकी कोशिशें रंग लाईं। दूसरी बार जब उन्हें निमंत्रण दिया गया तो फाल्के ने निमंत्रण को स्वीकार कर लिया।

समझौते के तहत दादासाहेब को कहानी, पटकथा आदि लिखने के लिए 1,500 रुपए, निर्देशन के लिए 10 प्रतिशत रॉयल्टी और 450 रुपए प्रतिमाह निजी खर्चे के लिए मिलने तय हुए।

काम आरंभ हो गया। फिल्म का विषय तलाशा जाने लगा। पिछले दिनों हिंदुस्तान सिनेमा फिल्म कंपनी बंद हो गई। इस कंपनी में काम के आखिरी दिनों में फाल्के गंगावतरण विषय पर कार्य कर रहे थे, लेकिन कंपनी बंद हो जाने के कारण इस पर काम आगे नहीं बढ़ सका। अतः अब पुनः इसी विषय को लेकर आगे बढ़ना तय हुआ।

इस प्रकार 'गंगावतरण' फिल्म पर काम शुरू हो गया। यह फाल्के की पहली बोलती फिल्म और फाल्के द्वारा निर्देशित की जानेवाली आखिरी फिल्म थी। फाल्के ने जब इस फिल्म का निर्देशन किया था, तब उनकी उम्र 67 साल थी।

फिल्म की पटकथा और संवाद लिखने में दादासाहेब के करीबी दोस्त उपन्यासकार नारायण हरि आप्टे ने उनकी मदद की। विश्वनाथ जाधव ने फिल्म के लिए संगीत तैयार किया और फाल्के ने गीत लिखे। और खास बात यह है कि दादासाहेब ने इस फिल्म के डायलॉग भी लिखे। फिल्म में कुल मिलाकर 17 गाने थे। 'गंगावतरण' का निर्माण मराठी और हिंदी दोनों में किया गया था।

लीला मिश्रा ने फिल्म में पार्वती का रोल किया, जो बाद में हिंदी फिल्मों की दुनिया में नाम बनानेवाली अभिनेत्री और 'शोले' की मौसी के रूप में

लोकप्रिय हुईं। वहीं भगवान् शिव की भूमिका का निर्वहन चिटनिस द्वारा और नारद ऋषि का किरदार सुरेश परदेसी द्वारा निभाया गया।

'गंगावतरण' निर्माणगाथा

'गंगावतरण' पुराणों की कहानियों पर आधारित एक फिल्म थी। फिल्म में पौराणिक चमत्कारों और काल्पनिक दृश्यों को दिखाने के लिए विशेष प्रभावों का इस्तेमाल किया गया, जिसका श्रेय दादासाहेब के पुत्र बाबरया फाल्के को दिया जाता है। 'सेतुबंधन' और बाद में 'गंगावतरण' के फिल्मांकन में दादासाहेब के पुत्र भालचंद्र (बाबरया) ने अपनी योग्यता साबित की। दादासाहेब को यकीन था कि भालचंद्र उनकी परंपरा को आगे बढ़ाएँगे। लेकिन दुर्भाग्य, भविष्य को कोई जान सका है? दादासाहेब का यह सुख अधिक समय तक नहीं रहा। समय से पहले ही भालचंद्र की मौत हो गई और फाल्के परिवार को एक दूसरा घातक झटका लगा। इससे पूर्व उनके काशी प्रवास के दौरान उनके एक और पुत्र महादेव की 12 वर्ष की अल्पायु में मृत्यु हो चुकी थी।

लेकिन समय नहीं रुका, 'गंगावतरण' का निर्माण चलता रहा।

गंगा नदी के पृथ्वी पर उतरने की हिंदू पौराणिक कथा के अनुसार पूर्वजों के पापों के निवारण के लिए राजा भगीरथ ने स्वर्ग की नदी—गंगा—को पृथ्वी पर लाने का संकल्प लिया। उसकी तपस्या से प्रसन्न होकर भगवान् ब्रह्मा गंगा को पृथ्वी पर भेजने के लिए सहमत हो गए। ब्रह्माजी ने भगीरथ को शिवजी को प्रसन्न करने का आदेश दिया, क्योंकि वे ही गंगा के तीव्र वेग को रोक सकते थे, अन्यथा गंगा पृथ्वी को ही बहा ले जातीं। अपनी स्वर्गिक उपस्थिति पर गर्व करते हुए गंगा ब्रह्माजी के आदेश पर पृथ्वी पर उतरने के लिए सहमत तो हो गईं, लेकिन गर्व से भरी होने के कारण उन्हें विश्वास था कि उनका प्रवाह पृथ्वी को नष्ट कर देगा। लेकिन भगवान् शिव ने उन्हें अपनी जटाओं में जकड़कर उनके गर्व को ठंडा कर दिया और केवल उनके क्षमा माँगने पर ही उनकी एक छोटी सी धारा को मुक्त किया। रिहाई के बाद उनके कोमल प्रवाह ने भगीरथ के पूर्वजों को मुक्त कर दिया।

फैंटेसी से भरपूर 'गंगावतरण' में—स्वर्ग से धरती पर उतरती गंगा नदी, उड़नेवाला घोड़ा, गीत गाते घड़े से निकलते सैकड़ों लोग, स्वर्ग से पृथ्वी पर उतरी गंगा नदी शंकर की जटाओं में चारों ओर घूमती, गीतों में भगवान् शिव की स्तुति करते हुए उनके शरीर से दो सिर कटे, हवा में तैरते हुए झरने से पानी पीता एक आदमी, घड़े में घुसता दानव—इस प्रकार के प्रचुर मात्रा में ट्रिक सीन शामिल थे। इन दृश्यों के फिल्मांकन का अधिकतर श्रेय भालचंद्र फाल्के को जाता है।

साठा सो पाठा—इस उम्र में भी दादासाहेब का जोश युवाओं जैसा था। जोग प्रपात पर फिल्मांकन के समय उन्होंने युवा जैसी ताकत के साथ ऊँची-नीची पहाड़ियों पर चढ़-उतरकर व्यापक शूटिंग कराई। जोग प्रपात कर्नाटक तथा महाराष्ट्र राज्यों की सीमा पर शिवमोगा जिले के प्रधान केंद्र से 95 किलोमीटर दूर शरावती नदी स्थित है। इसका जल 253 मीटर की ऊँचाई से गिरकर बड़ा सुंदर दृश्य उपस्थित करता है। इसका एक अन्य नाम गेरसप्पा भी है। फाल्के ने 8-10 घंटे तक शूटिंग की और मुश्किल ढलान और चढ़ाई से काफी तेजी से उतरते-चढ़ते रहे।

इस फिल्म में फाल्के को हिमालय के कुछ दृश्यों की शूटिंग करनी थी। अब चूँकि हिमालय की यात्रा करना संभव नहीं था, इसलिए दूरदर्शिता यह थी कि स्टूडियो में ही हिमालय का सेट लगाकर शूटिंग कर ली जाए, लेकिन अपनी जिद पर पूर्ववत् अड़े फाल्के चाहते थे कि आउटडोर शूटिंग की जाए।

इसके लिए उन्होंने कोल्हापुर के आसपास की पहाड़ियों का दौरा किया और कला विभाग के लोगों को आदेश दिया कि वे रामलिंग पहाड़ी को सफेद रंग में रँग दें, ताकि शूटिंग के समय बर्फ से ढके हिमालय पर्वत का प्रभाव पाया जा सके।

ख्याति प्राप्त बाबूराव पेंटर व कई टेक्नीशियन ने उन्हें सलाह दी कि यह शूटिंग स्टूडियो में सेट लगाकर ज्यादा अच्छी तरह हो सकती है, लेकिन दादासाहेब अपनी बात पर अड़े रहे और पहाड़ियों को सफेद रंग में रँगवाकर ही माने। लेकिन यहाँ भी उनके अनुमान के विपरीत परिस्थितियाँ पैदा हो गईं।

रात की बारिश में पहाड़ी पर किया हुआ रंग पूरा उतर गया और पैसा बरबाद हो गया। लोग तरह–तरह की बातें करने लगे और दादासाहेब के अपव्यय के लिए उन्हें दोष देने लगे। इन सब बातों को सुनकर दादासाहेब का दिल खटास से भर गया, लेकिन जैसे–तैसे फिल्म तो पूरी करनी ही थी।

आखिर स्टूडियो में ही हिमालय पर्वत का सेट तैयार किया गया और शूटिंग पूरी की गई। इस तरह के अनावश्यक खर्च से बचने के विपरीत स्वभाव के कारण दादासाहेब की आलोचना होने लगी और महाराज कोल्हापुर से उनकी तनातनी और गरमागरम बहस भी हुई।

हालाँकि जैसे–तैसे फिल्म पूरी हुई। फिल्म 'गंगावतरण' के पूरा होने में लगभग 2 साल लगे और उन दिनों ढाई लाख रुपए की लागत आई। इसे 6 अगस्त, 1937 को मुंबई के रॉयल ओपेरा हाउस में प्रदर्शित किया गया। 'गंगावतरण' रॉयल ओपेरा हाउस में प्रदर्शित होनेवाली पहली भारतीय बोलती फिल्म थी।

इतनी मेहनत और खर्च के बावजूद 'गंगावतरण' बॉक्स ऑफिस पर फ्लॉप रही। हिंदी सिनेमा का विश्वकोश 'गंगावतरण' को फाल्के के 'आखिरी हताश प्रयास' के रूप में वर्णित करता है।

कोल्हापुर महाराजा के साथ तनातनी के कारण दादासाहेब को तय किया हुआ मानदेय भी नहीं प्राप्त हुआ और फिल्म के पूरा होते ही वे नासिक लौट आए, यहाँ तक कि उन्होंने थिएटर में फिल्म भी नहीं देखी।

□

दादासाहेब के अंतिम दिन

'गंगावतरण' का निर्माण पूरा होने के बाद दादासाहेब ने फिल्मों से संन्यास ले लिया। कुछ समय उन्होंने पुणे में अपने उपन्यासकार दोस्त नारायण हरि आप्टे के साथ रहकर बिताया। प्रभात फिल्म कंपनी के साथ कुछ डॉक्यूमेंटरी पर काम करने की भी बात चल रही थी, लेकिन योजना परवान नहीं चढ़ी।

इसी बीच भारतीय सिनेमा के 25 वर्ष पूरे होने जा रहे थे। भारत में पहली फिल्म 1913 में प्रदर्शित की गई थी। सन् 1939 में रजत जयंती वर्ष था। इस अवसर पर मुंबई में रजत जयंती समारोह मनाने का निर्णय लिया गया। इस अवसर पर भारतीय सिनेमा के जनक दादासाहेब फाल्के को भी मुख्य अतिथि के रूप में आमंत्रित किया गया।

समारोह पूरी चमक-दमक के साथ शुरू हुआ। बड़ी-बड़ी फिल्म कंपनियों के उत्कृष्ट स्टॉल लगे हुए थे, जिनमें रंजीत मूवी टोन, प्रभात फिल्म कंपनी इत्यादि शामिल थे।

कार्यक्रम आरंभ हुआ। समारोह के अध्यक्ष सत्यमूर्ति, विशिष्ट अतिथि सर रोजर लुमली तथा अन्य गण्यमान्य फिल्मी हस्तियाँ मंच पर मौजूद थीं। मजे की बात यह थी कि भारतीय सिनेमा के जनक विशेष अतिथि मंच पर

नहीं, बल्कि साधारण धोती, कमीज, सूती कोट और टोपी पहने दर्शकों के बीच बैठे हुए थे।

जब किसी ने मंच समारोह के अध्यक्ष का ध्यान इस ओर आकृष्ट किया कि फाल्केजी तो मंच पर मौजूद हैं ही नहीं, तब वी. शांताराम दादासाहेब का हाथ पकड़कर सम्मान सहित उन्हें मंच पर लेकर आए, लेकिन मंच पर भी दादासाहेब पंक्ति में एकदम पीछे जाकर बैठे।

एक के बाद एक वक्ता मंच पर आते रहे और दादासाहेब फाल्के के फिल्म से जुड़े महान् कार्यों और उनके फिल्म-निर्माण की प्रशंसा में भाषण देते रहे, लेकिन मंच पर बैठे हुए ही दादासाहेब फाल्के को पहचानते नहीं थे।

इसी बीच वी. शांताराम माइक पर आए और उन्होंने बताया कि जिस महान् व्यक्ति की प्रशंसा में आप इतनी देर से बातें सुन रहे हैं, वे हमारे बीच ही यहाँ बैठे हैं—दादासाहेब फाल्के।

तब उस ओर देखकर सभी ने दादासाहेब फाल्के के सम्मान में जोरदार तालियाँ बजाकर उनका स्वागत किया।

अंत में दादासाहेब को भाषण के लिए बुलवाया गया। वे अपना भाषण तैयार करके लाए थे। भाषण में अधिकतर उनके प्रति फिल्म जगत् की उदासीनता पर उनके विरक्त विचार थे।

अपने भाषण में उन्होंने कहा—"जिस बेटी को मैंने जन्म दिया, वह 25 वर्ष की हो गई है और गरीबी से निकलकर अमीरी में आ गई है। उस बेटी के 25वें जन्मदिवस यानी सिल्वर जुबली पर मैं उसे ढेरों शुभकामनाएँ देता हूँ। लेकिन मैं यह भी समझता हूँ कि अब नए आए लोगों को इस बेटी के पिता की जरा भी आवश्यकता नहीं है। अब उसकी बेटी तड़क-भड़क, प्रसिद्धि और धनी लोगों की दुनिया में शानदार जिंदगी गुजार रही है। दौलत पाने की अंधी दौड़ में शामिल होकर अब मेरी बेटी ही मुझसे सवाल करने लगी है कि 'आप कौन हैं? मैं आपको नहीं जानती।' मेरी एक ही प्रार्थना है कि मेरी बेटी को भारतीय संस्कृति और संस्कारों की जड़ों से मत काटना। राष्ट्र की उन्नति के लिए यह अत्यंत आवश्यक है, भले ही मुझे भुला दिया जाए।"

सिल्वर जुबली समारोह के आखिरी दिन वी. शांताराम ने निर्देशकों, निर्माताओं और कलाकारों से अपील की कि वे सब मिलकर चंदा दें, ताकि दादासाहेब फाल्के के लिए एक घर बनाया जा सके। हालाँकि बहुत कम पैसे इकट्ठे हो सके, लेकिन वी. शांताराम ने अपनी प्रभात फिल्म कंपनी की ओर से उसमें अच्छी-खासी रकम मिलाकर फाल्के साहेब को घर बनाने के लिए दी। इसमें प्रभात फिल्म कंपनी से 1,200 रुपए और न्यू थिएटर्स तथा रंजीत मूवीटोन से 500 रुपए शामिल थे। अन्य संस्थानों ने मामूली योगदान दिया और एकत्र हुए कुल 6,250 रुपए तथा 7 आने दादासाहेब को सौंप दिए गए।

इस तरह सन् 1942 में नासिक के गोले कॉलोनी में उन्हें एक छोटा सा बँगला आखिरी वक्त में नसीब हो सका। दादासाहेब ने खुद इसका नाम रखा था—'हिंद सिने जनकाश्रम' (भारतीय सिनेमा के पितामह का आश्रम)। लेकिन इस बँगले में भी वे ज्यादा दिन नहीं रह सके।

आखिरी कुछ वर्षों में उन्होंने ऑल इंडिया रेडियो पर वार्त्ता, फिल्म उद्‍घाटन और अपने कुछ संभाषणों में फिल्म-निर्माण से जुड़ी बारीकियों से लोगों को रूबरू कराया। उन्होंने फिल्म-निर्माण के लिए कुछ सिद्धांतों का प्रतिपादन किया—

- कलाकारों को योग्यता से अधिक भुगतान न करें। इस संबंध में अमेरिकी कलाकारों के साथ कोई तुलना नहीं होनी चाहिए। उनकी फिल्मों का दुनिया भर में बाजार है।
- कलात्मक योग्यता में अमेरिकी कलाकारों के साथ प्रतिस्पर्धा करें, आर्थिक मामलों में उनसे प्रतिस्पर्धा न करें।
- फिल्म की लंबाई 9,000 फीट से अधिक नहीं होनी चाहिए।
- फिल्में एक 'फोटो प्ले' हैं।
- भारतीय सामाजिक फिल्मों में असंगत पश्चिमी शैली का घालमेल करने से बचें।
- व्यसनों से दूर रहें। स्वस्थ दिमाग और स्वस्थ शरीर ही राष्ट्र के विकास के लिए आवश्यक हैं।

- शैक्षिक, यात्रा वृत्तचित्र या कार्टून, जो भी बनाएँ, उनकी मुख्य विशेषताओं को अनदेखा न करें।
- संवादों को आवश्यक न्यूनतम रखा जाना चाहिए।
- स्क्रिप्ट लिखते समय दृश्यों को व्यवस्थित किया जाना चाहिए।

अपने आखिर के वर्षों में दादासाहेब बीमार पड़ गए, उन्हें डायबिटीज भी हो गई और वे दरिद्रता की हद तक गरीब हो गए। उन्होंने वी. शांताराम को पत्र लिखकर पाँच रुपए की मदद माँगी। यहाँ तक कि अपनी 2 रुपए की उधारी चुकाने के लिए दादासाहेब को अपनी फिल्म की एक प्रति मारवाड़ी की दुकान पर 3 रुपए में गिरवी रखनी पड़ी।

71 साल की उम्र में वे आजीविका के लिए अपनी कहानियाँ बेचने एक स्टूडियो से दूसरे स्टूडियो की खाक छानते फिरते थे। उस समय दादासाहेब को पैसों की सख्त जरूरत थी। ऐसे ही हालात में एक बार वे दिसंबर 1942 में वी. शांताराम से मिलने प्रभात स्टूडियो पहुँचे, लेकिन वी. शांताराम उस समय तक प्रभात को छोड़ चुके थे। उनकी भेंट विष्णुपंत दामले से हुई और उन्होंने अपनी कुछ कहानियाँ उन्हें दिखाईं।

विष्णुपंत दामले ने 1918 में महाराष्ट्र फिल्म कंपनी की सह-स्थापना की। उन्होंने एक डेकोरेटर, सेट डिजाइनर, अभिनेता सिनेमैटोग्राफर और फिल्म डेवलपर के रूप में काम किया। सन् 1928 में मूक फिल्म 'महारथी कर्ण' की रिलीज के साथ उन्होंने अपने निर्देशन की शुरुआत की। सन् 1929 में विष्णुपंत दामले ने महाराष्ट्र फिल्म कंपनी छोड़ दी और वी. शांताराम, फतेलाल और केशवराव ढैबर के साथ प्रभात फिल्म कंपनी की स्थापना की।

दामले दादासाहेब की खुद्दारी और हालात से भलीभाँति परिचित थे। उन्होंने 'जापानी पंखा' नाम की कहानी खरीदी, जिसके लिए उन्होंने उन्हें 2,000 रुपए मानदेय के रूप में दिए।

प्रभात में सहायक निर्देशक राजा नेने ने कहानी पढ़कर अपने मामा विष्णुपंत से कहा, "प्रभात फिल्म के लिए यह कहानी कितनी उपयोगी होगी, यह देखना होगा।"

विष्णुपंत दामले ने भानजे के कंधे पर हाथ रखकर भीगे स्वर में जवाब दिया, "इस पर बाद में विचार करेंगे। मैं उसके हालात से अच्छी तरह वाकिफ हूँ। अगर मैंने उन्हें बिना कहानी लिये पैसे की पेशकश की होती तो ये खुद्दार आदमी इसे स्वीकार नहीं करते। इसलिए मैंने कहानी खरीदी—केवल उनकी मदद के लिए। हम इस महान् व्यक्ति के सतत ऋणी हैं, जिसने फिल्म उद्यम की शुरुआत की और हमने उसका अनुसरण करके संपन्नता और प्रसिद्धि प्राप्त की। हमें हमेशा उनका ऋणी और कृतज्ञ बने रहना चाहिए।"

सिनेमा में घुस आई अनैतिकता, शराबखोरी, व्यभिचार, ठगी, बाजीगरी, धूम्रपान—इन सब चीजों को देखकर 72 वर्षीय दादासाहेब फाल्के बहुत व्यथित रहने लगे थे। कई बार अपने आलेखों के माध्यम से अपनी पीड़ा को व्यक्त भी करते थे।

इस दौरान कई बार कुछ अखबारवालों ने उनसे संपर्क करने की कोशिश की तो उन्होंने इनकार कर दिया और कह दिया, "कृपया मुझे अकेला छोड़ दें। मुझे सुर्खियाँ बनने का कोई शौक नहीं है। अब वैसे भी मेरा बच्चा पूरी तरह मुझे भुला बैठा है।"

अब उनकी हालत यह हो गई थी कि वे अकेले बैठे ऐसी बातें करते थे, मानो सामने बैठे अपने दोस्तों से बातें कर रहे हों। उनके कुछ दोस्त दुनिया से चले भी गए थे और वे उनका नाम ले-लेकर ऐसी बातें करते थे, मानो सामने बैठे हुए हों।

ऐसे में उनकी बेटी मंदाकिनी (माई) के पति ने उनकी चिकित्सा की, जो नासिक में ही रहते थे और पेशे से एक डॉक्टर थे। उनके इलाज से कुछ फर्क भी पड़ा और उन्होंने दादासाहेब को फिर से काम करने के लिए प्रेरित किया।

द्वितीय विश्वयुद्ध के बाद की बात है, इन दिनों फिल्म-निर्माण के लिए सरकारी लाइसेंस जरूरी हो गया था। दादासाहेब ने भी फिर से स्वस्थ होकर लाइसेंस के लिए 26 जनवरी, 1944 को दिल्ली में एक आवेदन भेजा। वे एक नामचीन निर्माता-निर्देशक और फिल्मकार थे, ऐसे में लाइसेंस मिलने में कोई

कठिनाई नहीं होनेवाली थी। लेकिन लंबे इंतजार के बाद आखिर 14 फरवरी, 1944 को जवाब मिला कि आपको लाइसेंस देना संभव नहीं है। यह पत्र पढ़कर दादासाहेब फाल्के के पैरों तले जमीन खिसक गई। अपने 25 साल के फिल्मी कॅरियर को याद करते हुए वे दुःखी हो उठे। वैसे ही संघर्ष करते हुए अपने घर-बार को बेचकर उन्होंने भारतीय सिनेमा को जमाने के लिए काम किया। इससे अधिक तो वे सरकारी नौकरी में रहते हुए ही कमा लेते और एक अच्छा-खासा जीवन व्यतीत कर सकते थे। बता दें कि वे भारत सरकार के पुरातत्त्व विभाग में फोटोग्राफर थे। उन्होंने पहली भारतीय फिल्म बनाने के लिए अपनी सरकारी नौकरी छोड़ दी थी।

यह पत्र मिलने के 2 दिन बाद ही 16 फरवरी, 1944 को 74 वर्ष की आयु में इस महान् फिल्मकार ने इस निष्ठुर दुनिया में कष्टपूर्ण जीवन के साथ अंतिम साँस ली और संसार छोड़ दिया। एक रंगमंच दुनिया में रंग भरकर हमेशा के लिए रंगहीन हो गया।

सब अपनी मस्ती में मस्त थे। सिनेमा जगत् में वैसे ही फिल्में बनती रहीं। उस दिन भी किसी ने उनकी मृत्यु पर ध्यान नहीं दिया। सिनेमाघर खुले, अखबारों ने दो लाइन की खबर के साथ इतिश्री कर ली। उनकी अंतिम यात्रा में भी कुछ जाननेवाले लोग ही शामिल हुए और एक महान् व्यक्तित्व शून्य की तरह महाशून्य में विलीन हो गया।

□

सरस्वतीबाई का असाधारण योगदान

भारतीय सिनेमा जगत् की पहली फिल्म 'राजा हरिश्चंद्र' को बनानेवाले दादासाहेब फाल्के को तो सभी जानते हैं, लेकिन बहुत कम लोग ही उनकी पत्नी सरस्वतीबाई फाल्के को जानते हैं, जिनके बिना दादासाहेब फाल्के की पहली फिल्म कभी बन ही नहीं पाती। दादासाहेब की पत्नी सरस्वतीबाई एक धर्मपरायण महिला थीं। दरअसल उनकी पहली फिल्म का निर्माण सरस्वतीबाई फाल्के के दृढ़ निश्चय और असाधारण सहयोग के कारण ही संभव हो पाया था।

सरस्वतीबाई की शादी 14 वर्ष की उम्र में ही धुंडीराज गोविंद फाल्के, जिन्हें आमतौर पर दादासाहेब फाल्के कहा जाता है, से तय कर दी गई थी। वे विधुर थे। उनकी पहली पत्नी की मृत्यु 1899 में प्लेग महामारी से हो गई थी। फिर उनकी शादी कावेरीबाई यानी सरस्वती से तय कर दी गई। कावेरीबाई उनसे उम्र में लगभग 19 वर्ष छोटी यानी केवल 13 साल की थीं। इसलिए पहले तो 32 वर्षीय दादासाहेब ने इस शादी के लिए साफ इनकार कर दिया, लेकिन फिर परिवारवालों के दबाव की वजह से 1902 में उन्होंने कावेरीबाई से शादी की। मराठी समाज के रीति-रिवाजों के अनुसार कावेरीबाई का नाम बदलकर सरस्वतीबाई रख दिया गया।

सरस्वतीबाई का जीवन अकसर तूफानी था। दादासाहेब गरम मिजाज वाले, अपने ही रस में डूबे हुए, विलक्षण और हठी स्वभाव के व्यक्ति थे, लेकिन सरस्वतीबाई ने उन्हें अंत समय तक सहज बनाए रखने की कोशिश की। उन्होंने एक बार भी उन्हें चोट नहीं पहुँचाई। घर की मुश्किलों के बारे में एक बार भी उनसे शिकायत नहीं की, भले ही उन्हें भूखा ही क्यों न रह जाना पड़े।

फिल्म उद्योग को स्वदेशी बनाने के अपने जुनून के कारण दादासाहेब को लगातार आलोचनाओं का सामना करना पड़ा। वे बिना किसी सहारे के, गरीबी से त्रस्त, चालीस पार कर चुके थे। ऐसे में सरस्वतीबाई ही उन्हें सांत्वना और सहारा देती थीं। इतना ही नहीं, जब भी सरस्वतीबाई ने पाया कि दादासाहेब आर्थिक तंगी में हैं तो उन्होंने आगे बढ़कर बार-बार अपने आभूषण दिए।

फिल्म जगत् में जाने से पहले दादासाहेब ने कई काम किए। फाल्के ने अपनी प्रिंटिंग प्रेस खोली तो सरस्वतीबाई ने उसमें काफी मदद की। यह उस दौर की बात है, जब महिलाओं का काम करना अच्छा नहीं समझा जाता था। लेकिन सरस्वतीबाई फाल्के के हर कदम पर साथ खड़ी रहीं, जिसमें अल्पायु होने के बाद भी उनकी पत्नी ने उन्हें बहुत सहयोग किया। साल 1910 में जब दादासाहेब ने फिल्म बनाने के सपने को लेकर अपने परिवारवालों और दोस्तों को बताया तो उन्होंने उनका काफी मजाक बनाया।

फाल्के के सारे रिश्तेदारों ने कहा कि उन्हें फिल्म बनाने का भूत सवार हो गया है। दोस्तों ने कहा कि उनका दिमाग फिर गया है और उन्हें पागल कहा जाने लगा। उनके विचार का मजाक उड़ाया जाता था। सरस्वतीबाई ही थीं, जो उनके साथ खड़ी रहीं। उन्होंने फिल्म बनाने के लिए अपने गहने भी बेच दिए थे। इसी पैसे से फाल्के ने जर्मनी से एक कैमरा खरीदा और फिल्म-निर्माण की बारीकियाँ सीखने लंदन भी गए।

सरस्वतीबाई ने उन्हें हमेशा प्रोत्साहित किया। सरस्वतीबाई फाल्के के बिना दादासाहेब का फिल्म बनाने का सपना कभी पूरा नहीं हो पाता। लेकिन

फिर भी इस पुरुष-प्रधान समाज में उन्हें वह पहचान नहीं मिल पाई, जो दादासाहेब को मिली।

सरस्वतीबाई ने पहली बार जब शॉर्ट मूवी 'द लाइफ ऑफ क्राइस्ट' देखी तो उन्हें यकीन ही नहीं हुआ कि चलते हुए चित्र देखना भी संभव है। दादासाहेब ने उन्हें यह फिल्म एक सरप्राइज के तौर पर दिखाई थी। बाद में वे सरस्वतीबाई को प्रोजेक्शन रूम में भी ले गए और फिल्म की बारीकियाँ समझाईं। फाल्के ने उसी दिन फिल्म बनाने की ठान ली थी। इस विचार में उनके साथ खड़ी थीं तो केवल सरस्वतीबाई।

दादासाहेब ने जैसे-तैसे फिल्म का निर्माण शुरू किया और इसके लिए कहानी पर काम करने लगे। सरस्वतीबाई और उनके बच्चे भी कहानी पर साथ में मंथन करते। किसी आइडिए को सरस्वतीबाई मना कर देती तो किसी को उनके बच्चे। अंत में, उन्होंने राजा हरिश्चंद्र पर फिल्म बनाने की ठानी, क्योंकि यह हिंदू पौराणिक कथा थी तो दर्शक इसे पसंद करते। जब दादासाहेब एक फिल्म-निर्माता के रूप में उभरे, तब उनकी पत्नी ने न सिर्फ उनको सहारा दिया, बल्कि वे उनके फिल्म-निर्माण का एक अहम हिस्सा रहीं।

फिल्म के निर्माण में पोस्टर बनाने से लेकर फिल्म की एडिटिंग तक, हर जगह सरस्वतीबाई ने दादासाहेब फाल्के की मदद की। फाल्के ने उन्हें कैमरा चलाने से लेकर एडिटिंग के लिए शॉट्स हटाने और लगाने तक सभी कुछ सिखाया। उनकी पत्नी सेट पर भरी दोपहरी में घंटों सफेद रंग की चादर लेकर खड़ी रहती थीं। यह सफेद चादर उस समय लाइट रिफ्लेक्टर का काम करती थी। इसके अलावा, फाल्के के निर्देशन में उन्होंने फिल्म डेवलपिंग, मिक्सिंग और फिल्म पर केमिकल कैसे इस्तेमाल करना है, यह सब सीखा और इस तरह से भारत की पहली फिल्म 'राजा हरिश्चंद्र' की एडिटिंग सरस्वतीबाई फाल्के ने की।

बहुत कोशिश और खोज के बाद भी जब दादासाहेब को अपनी फिल्म के लिए कोई अभिनेत्री नहीं मिल रही थी तो वे चाहते थे कि सरस्वतीबाई

फाल्के ही उनकी फिल्म में बतौर अभिनेत्री अभिनय करें। लेकिन उन्होंने यह कहकर मना कर दिया कि यदि मैं अभिनय करूँगी तो बाकी ये सारे कार्य, जो मैं कर रही हूँ, वह कौन करेगा ? तब दादासाहेब ने एक पुरुष को ही अभिनेत्री बनाया।

सन् 1944 में दादासाहेब फाल्के के निधन के बाद सरस्वतीबाई ने उनके साथ अपने जीवन के सफर पर एक आत्मकथा लिखी थी, जो दुर्भाग्यवश कहीं खो गई। उनके बिना दादासाहेब का फिल्म बनाने का सपना कभी पूरा नहीं हो पाता, लेकिन उनके कठिन परिश्रम को आमतौर पर पति की सेवा का नाम दे दिया गया।

सरस्वतीबाई की उम्र तब महज 18 साल थी। ऐसे में वे भारतीय सिनेमा की पहली फिल्म फाइनेंसर थीं। यही नहीं, उन्होंने फिल्म के संपादन, डेवलपर और प्रोडक्शन मैनेजर का भी काम किया। तब फिल्म की रील को डेवलप करने में खासी मेहनत लगती थी।

इन सब कामों के साथ-साथ वे अपने दो बच्चों की सारी जरूरी जिम्मेदारियाँ भी उठा रही थीं। उन्होंने कभी भी उन जिम्मेदारियों से मुँह नहीं मोड़ा। इसके अलावा वे पूरी फिल्म की यूनिट यानी 60-70 लोगों का खाना भी अकेले ही बनाती थीं। उनके उपवासों को याद रखतीं और उनके लिए अलग-अलग व्यंजन तैयार करतीं। महिला कलाकारों के लिए चुपचाप तंबाकू और पान की भी व्यवस्था करतीं। बीमार की व्यक्तिगत रूप से देखभाल करतीं।

हिंदुस्तान सिनेमा फिल्म कंपनी छोड़ने पर फाल्के परिवार की जरूरतों को पूरा करने में असमर्थ थे। ऐसे में मकान के किराए और किराने के सामान के लिए कर्ज जुटाना सरस्वतीबाई के कंधों पर ही आ पड़ता था। ऐसी विषमताओं ने दादासाहेब को अधिक-से-अधिक चिड़चिड़ा और जिद्दी बना दिया था, जिससे उनके पारिवारिक जीवन में कलह पैदा हो गई।

हिंदुस्तान सिनेमा फिल्म कंपनी में काम के दौरान सदाचारी दादासाहेब के एक अभिनेत्री विथाबाई के साथ संबंधों को लेकर बहुत चर्चा हुई, लेकिन

सरस्वतीबाई पति को अपना भगवान् मानती थीं। उन्होंने सार्वजनिक आलोचना को मौन रहकर झेला।

दादासाहेब तीन बार विदेश जा चुके थे, लेकिन शराब की तो बात ही छोड़िए, उन्होंने सिगरेट तक नहीं पी। जिस व्यक्ति का बेदाग चरित्र था, वह ऐसा कैसे कर सकता था?

यह तूफान थोड़े दिनों में स्वत: थम गया।

सरस्वतीबाई ने कभी अपने बारे में चिंता नहीं की, लेकिन अपने बच्चों, उनकी शिक्षा, उनके उज्ज्वल भविष्य के प्रति वे सदैव चिंतित रहीं। दादासाहेब की मृत्यु के बाद वे पक्षाघात के कारण बिस्तर तक ही सीमित हो गईं। लेकिन अपने बच्चों को जीवन की सही दिशा दे दी थी।

असाधारण बलिदानी और उपलब्धियों से भरी सरस्वतीबाई एक समर्पित पत्नी, आदर्श माँ और अनेक लोगों की संरक्षक रहीं। 1 जून, 1953 को उनका निधन हो गया। दुनियावालों से अज्ञात उनकी जीवन संघर्षगाथा उनके निकटवर्ती लोगों के दिलों में आज भी जीवंत है।

दादासाहेब के बच्चे

दादासाहेब भले ही गरम मिजाज और हठी रहे हों, लेकिन उनका दांपत्य जीवन सुखी रहा। उनके नौ बच्चे हुए।

- भालचंद्र उर्फ बाबरया : भालचंद्र एक अच्छे फोटोग्राफर थे। उन्होंने कई फिल्मों में फोटोग्राफी का काम सँभाला, लेकिन अल्पायु में ही उनकी मृत्यु हो गई।
- महादेव : 12 वर्ष की अल्पायु में काशी में मृत्यु।
- नीलकंठ : बहुभाषाविद्। अंग्रेजी, फ्रेंच, स्पेनिश, जापानी, जर्मन, मराठी, गुजराती, बंगाली और हिंदी भाषा के ज्ञाता। इंडो-जर्मन कल्चरल एसोसिएशन से संबद्ध। 22 जनवरी, 1991 को निधन।
- प्रभाकर : राज्य परिवहन में कार्य। सेवानिवृत्ति के बाद 'हिंद सिने जनकाश्रम', नासिक में वास।

- श्रीकृष्ण : बचपन में ही निधन।
- देवदत्त : संगीतज्ञ। फिल्मों में काम। साल 1999 में निधन।
- मंदाकिनी (माई) आठवले : भारतीय सिनेमा की पहली बाल कलाकार। साल 1919 में 'कालिया मर्दन' में श्रीकृष्ण की भूमिका निभाई। अक्तूबर 1993 में 82 वर्ष की आयु में निधन।
- वृंदा पुसालकर : वर्ष 2007 में निधन।
- सुरेश : रेलवे में सेवा। स्वर्गवास…

□

दादासाहेब के संगी-साथी

दादासाहेब ने अपने फिल्म-निर्माण के कार्यकलापों के दौरान अनेक कलाकारों के साथ कार्य किया। उनमें से अनेक कलाकारों के बारे में तो जानकारी उपलब्ध ही नहीं है। इस अध्याय में उनके कुछ विशेष सहयोगियों और साथी कलाकारों के बारे में सारगर्भित सामग्री दी गई है।

अन्ना हरि सालुंके

अन्ना हरि सालुंके, जिन्हें ए. सालुंके और अन्नासाहेब सालुंके के नाम से भी जाना जाता है, एक भारतीय अभिनेता थे, जिन्होंने शुरुआती भारतीय सिनेमा में महिला कलाकार की भूमिकाएँ निभाईं।

उन्हें भारतीय सिनेमा में नायिका के रूप में प्रदर्शित करने का श्रेय दादासाहेब फाल्के को जाता है। अन्ना हरि सालुंके ने दादासाहेब फाल्के की पहली पूर्ण लंबाई वाली फिल्म 'राजा हरिश्चंद्र' (1913) में राजा हरिश्चंद्र की रानी तारामती की भूमिका निभाई।

सन् 1917 में 'लंका दहन' में नायक और नायिका दोनों की भूमिकाएँ निभाकर सालुंके भारतीय सिनेमा में दोहरी भूमिका निभानेवाले पहले अभिनेता बने।

कुछ और फिल्मों में अभिनय के बाद उन्होंने अभिनय कॅरियर को छोड़ दिया और पूरी तरह से छायांकन पर ध्यान केंद्रित किया। सिनेमैटोग्राफर के रूप में उनकी आखिरी फिल्म सन् 1931 में आई।

सालुंके ने 1913 से 1931 तक 18 साल के अपने फिल्मी कॅरियर के दौरान विभिन्न फिल्मों में अभिनय किया, जिनमें पाँच महिला कलाकार के रूप में थीं, जिनमें से अधिकांश हिंदू पौराणिक विषयों पर आधारित थीं। वे कुछ फिल्मों में छायाकार भी रहे।

दत्तात्रेय दामोदर डाबके

दत्तात्रेय दामोदर डाबके का जन्म सन् 1885 में असूद, दापोली तालुका, महाराष्ट्र में हुआ।

डी.डी. डाबके या दत्तात्रेय दामोदर डाबके 1913 में दादासाहेब फाल्के द्वारा निर्देशित पहली भारतीय पूर्ण लंबाईवाली मूक फिल्म 'राजा हरिश्चंद्र' में एक अभिनेता थे। उन्होंने तीन और फिल्मों 'सत्यवादी राजा हरिश्चंद्र' (1917), 'लंका दहन' (1917), 'श्रीकृष्ण जन्म' (1918) में अभिनय किया और बाद में एक छायाकार, साथ ही एक निर्देशक भी बने। उन्होंने 'राजा हरिश्चंद्र' के 1924 के रीमेक का निर्देशन किया।

16 दिसंबर, 1946 को उनका निधन हो गया।

रामचंद्र गोपाल तोरणे

रामचंद्र गोपाल तोरणे को दादासाहेब तोरणे के नाम से भी जाना जाता है। वे एक भारतीय फिल्म निर्माता-निर्देशक थे। उन्हें भारत में पहली फीचर फिल्म 'श्री पुंडलिक' बनाने के लिए जाना जाता है।

रामचंद्र गोपाल तोरणे का जन्म 13 अप्रैल, 1890 को मुंबई के निकट कोंकण तट पर मालवान गाँव में हुआ। पिता की मृत्यु के बाद 10-11 साल की उम्र में तोरणे ने स्कूल छोड़ दिया और मुंबई चले गए। यहीं पर उनका संपर्क श्रीपद थिएटर कंपनी से हुआ।

वे इस कंपनी द्वारा संचालित नाटकों के साथ-साथ मुंबई में रिलीज

होनेवाली नई विदेशी फिल्मों से काफी प्रभावित थे। 21-22 के युवा के रूप में उन्हें अपनी फिल्म बनाने में दिलचस्पी हुई।

उन्होंने विदेशों से कच्ची फिल्म और मूवी कैमरा आयात किया और पहली फीचर फिल्म 'श्री पुंडलिक' की शूटिंग की। यह पहली फीचर फिल्म 18 मई, 1912 को मुंबई के कोरोनेशन मूवी थिएटर में रिलीज हुई।

हालाँकि तोरणे ने अपनी पहली फिल्म 'श्री पुंडलिक' धुंडीराज गोविंद दादासाहेब फाल्के की फिल्म 'राजा हरिश्चंद्र' के बनने से ठीक एक साल पहले बनाई, लेकिन फाल्के के विपरीत तोरणे ने अपनी फिल्म को प्रोसेसिंग के लिए विदेश में भेजा, इसलिए इसे स्वदेशी नहीं माना गया।

इस फिल्म के रिलीज होने के लगभग एक साल बाद दादासाहेब फाल्के ने 3 मई, 1913 को दूसरी भारतीय फीचर फिल्म 'राजा हरिश्चंद्र' को उसी थिएटर में रिलीज किया।

'श्री पुंडलिक' वास्तव में 'वन एंगल' रिकॉर्डेड मूवी थी। इसमें संपादन या क्लोज-अप शॉट्स आदि की कोई अवधारणा नहीं थी।

जब यह फिल्म रिलीज हुई तो दादासाहेब तोरणे ग्रीव्स कॉटन कंपनी में काम कर रहे थे। कंपनी ने उन्हें कराची स्थानांतरित कर दिया। उन्होंने कराची में हॉलीवुड फिल्में रिलीज करना शुरू कर दिया। इसके लिए उन्होंने कराची और अन्य जगहों पर ऑफिस खोले। वे वितरण कार्यालय और एक फिल्म वितरण कंपनी खोलनेवाले पहले भारतीय थे।

अगले 3-4 वर्ष उन्होंने कोल्हापुर में बाबूराव पेंटर के साथ बिताए। मुंबई वापस आने के बाद उन्होंने अपनी 'मूवी कैमरा कंपनी' शुरू की।

सन् 1929 के आसपास अपने सहयोगी बाबूराव पाई के साथ उन्होंने एक संयुक्त उद्यम कंपनी 'फेमस पिक्चर्स' शुरू की। इस फिल्म वितरण कंपनी ने इतिहास रचा और उस दौर में मूक फिल्मों से लेकर टॉकीज तक में करोड़ों रुपए का कारोबार किया।

फेमस पिक्चर्स ने पहले ही हॉलीवुड फिल्मों का आयात करना शुरू कर दिया था, जिनमें से कुछ टॉकीज थीं। यह फिल्म उद्योग के लिए एक बड़ी

क्रांति थी। इसके अतिरिक्त इसमें नई तकनीक शामिल थी।

टॉकीज के महत्त्व को समझते हुए दादासाहेब तोरणे ने देखा कि टॉकीज दिन-ब-दिन लोकप्रिय होते जा रहे थे। अपनी दूरदर्शिता से उन्होंने टॉकी मशीनरी की एजेंसी खरीदी और अमेरिकियों की मदद से इसका इस्तेमाल करना सीखा।

मुंबई के रॉयल आर्ट स्टूडियो में काम करते हुए उनकी मुलाकात अर्देशिर ईरानी से हुई। उन्होंने ईरानी को अपना स्टूडियो (प्रसिद्ध ज्योति स्टूडियो) और फिल्म-निर्माण कंपनी (द इंपीरियल फिल्म कंपनी) शुरू करने की सलाह दी। ईरानी ने तोरणे को दोनों जगहों पर प्रबंधक नियुक्त किया। बाद में तोरणे की सलाह पर ईरानी ने इंपीरियल फिल्म कंपनी और सागर फिल्म कंपनी की इकाई से एक और कंपनी बनाई।

इस समय के दौरान तोरणे ने दो फिल्मों का निर्देशन किया—'सिंदाबाद द सेलर' (1930) और 'दिलबर' (1931)। दोनों मूक फिल्में थीं। इसके बाद तोरणे ने ईरानी को टॉकी बनाने की सलाह दी। उनके पास उत्पादन के लिए आवश्यक सभी मशीनरी थी और इंपीरियल कंपनी में तकनीशियनों को सिखाया कि इसका उपयोग कैसे किया जाए। 'आलम आरा' पर काम को गुप्त रखा गया। दो महीने की अवधि के भीतर इतिहास रच दिया गया—14 मार्च, 1931 को भारत की पहली टॉकी 'आलम आरा' मैजेस्टिक सिनेमा थिएटर में रिलीज हुई।

'आलम आरा' को जबरदस्त रिस्पॉन्स मिला। इस सफलता के बाद उन्होंने तुरंत प्रभात, रंजीत, वाडिया आदि स्टूडियो को मशीनरी की आपूर्ति की। इन स्टूडियो ने नई टॉकीज बनाना शुरू कर दिया। मूक फिल्मों का अंत आ गया था। अब नजारा बिल्कुल अलग था।

तोरणे ने बाद में अपनी खुद की कंपनी बनाने और दूसरों की देखरेख में काम करना बंद करने का फैसला किया। पुणे में उन्होंने 'सरस्वती सिनेटोन' नामक अपनी कंपनी बनाई। कंपनी की पहली फिल्म 'श्याम सुंदर' थी, जो भारतीय फिल्म उद्योग की पहली सिल्वर जुबली फिल्म रही।

कंपनी की दूसरी फिल्म 'औट घटटेका राजा' थी। तीसरी फिल्म थी—'भक्त प्रह्लाद'। उन्होंने बाद में कई फिल्में बनाईं—'ठकसेन राजपुतरा', 'छत्रपति संभाजी', 'कृष्णशिष्टई', 'सावित्री', 'राजा गोपीचंद', 'नारद नारदी', 'भगवा जेंडा', 'माजी लड़की', 'नवरदेव' आदि। उन्होंने 17 फिल्में बनाईं—तीन हिंदी, आठ मराठी और छह हिंदी+मराठी।

एक वृत्तचित्र फिल्म 'अक्षर-ओलख' 'साक्षरता प्रसार मंडल' के लिए बनाई गई थी। यह फिल्म मनोरंजन या व्यवसाय की तुलना में एक सामाजिक प्रतिबद्धता से अधिक निर्मित की गई थी। सरस्वती सिनेटोन की आखिरी फिल्म 'आवाज' थी, जो 22 मई, 1942 को माया बनर्जी, स्वर्णलता और वस्ती अभिनीत थी।

सन् 1947 में जब वे किसी काम से शहर से बाहर गए थे तो उनके सहयोगी और दोस्त ने सभी मूवी कैमरे और अन्य महँगे उपकरण चुरा लिये और पाकिस्तान ले गए।

दशकों पुरानी दोस्ती में विश्वासघात ने उन्हें बुरी तरह झकझोर दिया और उन्हें पहला दिल का दौरा पड़ा। 19 जनवरी, 1960 की सुबह नींद में ही उनका निधन हो गया।

दुर्गाबाई कामत

दुर्गाबाई कामत एक मराठी अभिनेत्री और भारतीय सिनेमा की पहली अभिनेत्री थीं। उनका जन्म एक ब्राह्मण परिवार में सन् 1899 में हुआ।

1900 के दशक की शुरुआत में फिल्म या थिएटर में अभिनय महिलाओं के लिए वर्जित था, इसलिए भारतीय सिनेमा के जनक दादासाहेब फाल्के को पहली भारतीय फिल्म में महिला भूमिकाओं के लिए पुरुष अभिनेताओं का उपयोग करना पड़ा।

हालाँकि 'राजा हरिश्चंद्र' की सफलता से महिला अभिनेत्रियों को प्रोत्साहन मिला। इस प्रकार उन्होंने सन् 1913 में बनी फाल्के की दूसरी फिल्म 'मोहिनी भस्मासुर' में पार्वती का अभिनय किया।

कामत के बाद अन्य अभिनेत्रियों ने सिनेमा में काम करना शुरू कर दिया। दुर्गाबाई अनुभवी मराठी अभिनेता चंद्रकांत गोखले की नानी और अभिनेता विक्रम गोखले और मोहन गोखले की परदादी भी थीं।

17 मई, 1997 को पुणे, महाराष्ट्र में 98 वर्ष की आयु में उनका निधन हो गया।

कमलाबाई गोखले

कमलाबाई अपनी माँ दुर्गाबाई कामत के साथ भारतीय सिनेमा की पहली अभिनेत्रियों में से एक थीं। उनकी पहली स्टेज उपस्थिति चार साल की उम्र में सामने आई। 1912-1913 के आसपास दादासाहेब फाल्के अपनी फिल्म 'मोहिनी भस्मासुर' के लिए कास्टिंग कर रहे थे और उन्होंने मुख्य भूमिका के लिए कमलाबाई को चुना। उनकी माँ ने पार्वती की भूमिका निभाई।

15 साल की उम्र तक कमलाबाई एक सेलिब्रिटी बन चुकी थीं।

कमलाबाई ने करीब 35 फिल्मों में काम किया। उनकी आखिरी फिल्म 'गहनी' (1980) थी।

नारायण हरि आप्टे

नारायण हरि आप्टे को नाना साहेब आप्टे के नाम से भी जाना जाता है। वे एक लोकप्रिय मराठी उपन्यासकार थे। वे दादासाहेब फाल्के के अनन्य मित्रों में शामिल थे। फाल्के की पहली बोलती फिल्म 'गंगावतरण' के लेखन में नारायण हरि आप्टे ने उनकी मदद की।

आप्टे ने दादासाहेब फाल्के के बुरे दिनों में हमेशा आगे बढ़कर उनकी मदद की। फाल्के अपने परिवार के साथ करीब एक साल तक कोरेगाँव में नारायण हरि आप्टे के आवास पर रहे।

आप्टे का जन्म 11 जुलाई, 1889 को महाराष्ट्र के सांगली जिले के समडोली गाँव में हुआ। पढ़ाई के बाद विनायक दामोदर सावरकर की अभिनव भारत सोसाइटी में शामिल होकर उन्होंने 1904 में भारत के स्वतंत्रता आंदोलन में भाग लेने के लिए घर छोड़ दिया।

उनकी कहानियाँ ऐतिहासिक और सामाजिक विषयों को छूती हुई मराठी मध्यम वर्ग के दैनिक जीवन पर आधारित हैं।

उन्होंने पूरे उत्तर भारत के हिस्सों, जैसे—राजस्थान, बंगाल (1905 में विभाजन से पहले) और नेपाल में बड़े पैमाने पर यात्रा की; और यात्रा करते समय उन्होंने हिंदी, बंगाली, गुजराती, नेपाली और अंग्रेजी भाषाओं का ज्ञान प्राप्त किया।

सन् 1932 में उनकी औंध राज्य की यात्रा के दौरान कोरेगाँव में राष्ट्रीय स्वयंसेवक संघ के संस्थापक के.बी. हेडगेवार से मिले और राष्ट्रीय स्वयंसेवक संघ में शामिल हो गए।

14 नवंबर, 1971 को उनका देहावसान हो गया।

महाराजा राजाराम तृतीय

31 जुलाई, 1897 को लक्ष्मी विलास पैलेस, कोल्हापुर में जनमे भोंसले वंश के राजाराम तृतीय सन् 1922 से 1940 तक कोल्हापुर के महाराजा रहे, जो अपने पिता महाराजा शाहूजी महाराज के उत्तराधिकारी थे।

वे एक उदार शासक थे, जिन्होंने अपने राज्य में दलितों और दलित जातियों के उत्थान में महत्त्वपूर्ण भूमिका निभाई। उन्होंने कोल्हापुर उच्च न्यायालय, आधुनिक आवास विकास, एक अद्यतन जल-आपूर्ति प्रणाली, मुफ्त प्राथमिक शिक्षा और उच्च स्तरीय महिला शिक्षा की भी स्थापना की।

फिल्मों की बढ़ती लोकप्रियता से प्रेरित होकर सन् 1934 में महाराजा राजाराम तृतीय ने अपनी एक फिल्म कंपनी 'कोल्हापुर सिनेटोन' गठित की। इसका कार्यभार दादासाहेब फाल्के को सौंपा गया। फाल्के के निर्देशन में 'गंगावतरण' फिल्म का निर्माण किया गया।

26 नवंबर, 1940 को महाराजा राजाराम तृतीय का निधन हो गया।

विश्वनाथ जाधव

5 अक्तूबर, 1885 को हूपारी, कोल्हापुर, बॉम्बे प्रेसीडेंसी, ब्रिटिश भारत में जनमे विश्वनाथ जाधव एक भारतीय शास्त्रीय खयाल गायक और

किराना घराने (गायन शैली) के संस्थापक अब्दुल करीम खान के शिष्य थे। उन्होंने सन् 1906 से 1910 तक ग्वालियर घराने के निसार हुसैन खान से तत्पश्चात् सन् 1910 से 1937 तक अब्दुल करीम के सान्निध्य में संगीत की शिक्षा ली।

जाधव को 1920 के दशक में छत्रपति शाहूजी महाराज द्वारा कोल्हापुर की पूर्व रियासत का दरबारी संगीतकार नियुक्त किया गया। उन्हें मैसूर राज्य के महाराजा, महाराजा कृष्ण राजा वोदैयार चतुर्थ द्वारा विभिन्न अवसरों पर संगीत कार्यक्रम के लिए भी आमंत्रित किया गया।

दीनानाथ मंगेशकर के मित्र होने के कारण उन्होंने दिग्गज बॉलीवुड गायिका लता मंगेशकर को उनके बचपन के दिनों में संगीत की शिक्षा दी।

जाधव ने शुरुआती टॉकी युग में फिल्मों के लिए संगीत तैयार किया। वे दादासाहेब फाल्के की सन् 1937 की फिल्म 'गंगावतरण' के संगीतकार रहे। सन् 1938 में उन्होंने ध्रुव की कहानी पर आधारित पौराणिक फिल्म 'धुर्वा कुमार' के लिए संगीत भी तैयार किया। इस फिल्म में कुमार प्रभाकर और राजा परांजपे ने अभिनय किया था।

4 अप्रैल, 1952 को उन्हें दिल्ली में गंधर्व महाविद्यालय के स्वर्ण जयंती समारोह में भारत के पहले राष्ट्रपति डॉ. राजेंद्र प्रसाद द्वारा सम्मानित किया गया।

1 सितंबर, 1964 को 78 वर्ष की आयु में कोल्हापुर में उनका निधन हो गया।

अन्नासाहेब किर्लोस्कर

काशी में अपने प्रवास के दौरान दादा फाल्के ने 'किर्लोस्कर नाटक मंडली' के कई हिंदी नाटक देखे। मास्टर मनहर बर्वे, उनके पिता गणपतराव बर्वे और शंकर बापूजी मुजुमदार और उपन्यासकार नारायण हरि आप्टे जैसे कंपनी से जुड़े पेशेवर फाल्के के दोस्त थे। बलवंत पांडुरंग किर्लोस्कर उर्फ अन्नासाहेब किर्लोस्कर इस मंडली के संस्थापक थे।

बलवंत पांडुरंग किर्लोस्कर का जन्म 31 मार्च, 1843 को बेलगाम जिले के गुरलहोसुर में एक करहड़े ब्राह्मण परिवार में हुआ। आरंभ से ही उनकी रुचि थिएटर में थी। बेलगाम में एक स्कूल शिक्षक के रूप में काम करते हुए किर्लोस्कर ने साल 1866 में भरतशास्त्रोत्तेजक मंडली की स्थापना की।

सन् 1874 के आसपास उन्होंने किर्लोस्कर नाटक मंडली की स्थापना की। सन् 1880-81 में उन्होंने मराठी में 'अभिज्ञान शाकुंतलम्' नाटक का मंचन किया। उन्होंने खुद नाटक में अभिनय भी किया।

सन् 1882 में किर्लोस्कर ने मंच पर अपना 'संगीत सौभद्र' (सौभद्रा) नाटक प्रस्तुत किया। सन् 1884 में किर्लोस्कर ने अपने संगीतमय 'राम राज्य योग' नाटक के पहले तीन कृत्यों को दर्शकों के सामने प्रस्तुत किया। इससे पहले कि वे इस नाटक के शेष तीन कृत्यों को लिखना समाप्त कर पाते, 2 नवंबर, 1885 को 42 वर्ष की आयु में उनकी मृत्यु हो गई।

अर्देशिर ईरानी

फाल्के की जब 'सेतुबंधन' फिल्म पूरी हुई, तब तक टॉकी फिल्में बनने लगी थीं, इसलिए इसे प्रदर्शित करने के लिए थिएटर मिलना मुश्किल हो रहा था। तब इंपीरियल फिल्म कंपनी के अर्देशिर ईरानी ने अपने स्टूडियो में 'सेतुबंधन' में ध्वनि जोड़ने का सुझाव दिया। यह महसूस करते हुए कि मूक फिल्मों का अब कोई भविष्य नहीं है, दादासाहेब 'सेतुबंधन' की डबिंग के लिए राजी हो गए।

अर्देशिर ईरानी का जन्म 5 दिसंबर, 1886 को पुणे, बॉम्बे प्रेसीडेंसी में एक पारसी परिवार में हुआ। एलेक्जेंड्रा सिनेमा में अर्देशिर ईरानी ने फिल्म-निर्माण की कला सीखी और साल 1917 में फिल्म-निर्माण के क्षेत्र में प्रवेश किया और अपनी पहली मूक फीचर फिल्म 'नल-दमयंती' का निर्माण किया, जो सन् 1920 में रिलीज हुई।

सन् 1922 में ईरानी दादासाहेब फाल्के की हिंदुस्तान फिल्म्स कंपनी के पूर्व प्रबंधक भोगीलाल दवे के साथ जुड़ गए और स्टार फिल्म्स की स्थापना

की। उनकी पहली मूक फीचर फिल्म 'वीर अभिमन्यु' 1922 में रिलीज हुई और इसमें मुख्य भूमिका में फातिमा बेगम थीं। ईरानी ने इस फिल्म का निर्देशन और निर्माण किया। ईरानी और दवे ने साझेदारी को भंग करने से पहले स्टार फिल्म्स के बैनर तले सत्रह फिल्मों का निर्माण किया।

वर्ष 1924 में ईरानी ने मैजेस्टिक फिल्म्स की स्थापना की। पंद्रह फिल्मों के बाद मैजेस्टिक फिल्म्स बंद हो गई। सन् 1925 में ईरानी ने इंपीरियल फिल्म्स की स्थापना की, जहाँ उन्होंने बासठ फिल्में बनाईं।

चालीस वर्ष की आयु तक ईरानी भारतीय सिनेमा के एक स्थापित फिल्म-निर्माता बन गए और 14 मार्च, 1931 को अपनी बोलती फीचर फिल्म 'आलम आरा' की रिलीज के साथ ही अर्देशिर ईरानी टॉकी फिल्मों के पिता बन गए।

उनका योगदान केवल मूक सिनेमा को आवाज देने और श्वेत-श्याम फिल्मों को रंग देने तक ही सीमित नहीं रहा। उन्होंने भारत में फिल्म-निर्माण के लिए एक नया साहसी दृष्टिकोण अपनाया कि आज तक ऐसी फिल्में बन रही हैं, जिनमें ईरानी द्वारा बनाई गई एक सौ अट्ठाईस फिल्मों से संबंधित विषय हैं।

इंपीरियल फिल्म्स ने भारतीय सिनेमा में कई नए अभिनेताओं को पेश किया, जिनमें पृथ्वीराज कपूर और महबूब खान शामिल हैं।

ईरानी ने पच्चीस साल के लंबे और शानदार कॅरियर में 148 फिल्में बनाईं। उन्होंने अपनी आखिरी फिल्म 'पुजारी' 1945 में बनाई।

ईरानी को दादासाहेब फाल्के की तरह जीने के लिए मजबूर नहीं किया गया था, क्योंकि उन्होंने महसूस किया था कि युद्ध फिल्म व्यवसाय के लिए उपयुक्त नहीं था और इसलिए उन्होंने उस दौरान अपने फिल्म व्यवसाय को निलंबित कर दिया। 14 अक्तूबर, 1969 को 82 वर्ष की आयु में मुंबई में उनका निधन हो गया।

□

दादासाहेब की विरासत

दादासाहेब के नाती चंद्रशेखर पुसालकर के अनुसार—

"दादासाहेब फाल्के एक दूरदर्शी फिल्मकार थे, जो भारतीय फिल्म उद्योग में आत्मनिर्भरता लेकर आए। अगर सरकार ने दादासाहेब फाल्के पुरस्कार की स्थापना नहीं की होती, तो मेरे दादाजी का काम और जीवन केवल दो पन्नों में सिमटकर रह जाता। लेकिन अब लोग उन्हें जानते हैं और भारतीय सिनेमा में उनके अपार योगदान के लिए उनकी इज्जत करते हैं। हमारे फिल्म उद्योग को उन पर एक बायोपिक बनाने के बारे में गंभीरता से विचार करना चाहिए।"

"अपनी फिल्मों में उन्होंने हमेशा स्थानीय कलाकारों का इस्तेमाल किया और स्वदेशी जगहों व ऐसी तकनीकी मदद के समावेश को बढ़ावा दिया, जो स्वदेशी रूप से उपलब्ध थीं। दादासाहेब की दृढ़ता, दूरदर्शिता और देशभक्ति के कारण ही भारतीय सिनेमा उद्योग आज इतने ऊँचे स्तर पर खड़ा है।"

"फाल्के परिवार सरकार का आभारी है कि वे उनके नाना की यादों को जीवित रख रहे हैं। सरकार द्वारा की जा रही ये कोशिशें फलदायी साबित हो रही हैं, क्योंकि युवा पीढ़ी को अब इस बात का अंदाजा लग रहा है कि इस महान् इनसान ने कैसे अपनी फिल्म बनाने की यात्रा शून्य से शुरू की।"

"नई पीढ़ी के बीच उनका सम्मान बढ़ रहा है, क्योंकि उन्हें पता चल रहा है कि कैसे एक आदमी, जिसके पास ऐसी कोई सुविधा नहीं थी, जिसका आज सब आनंद लेते हैं, फिर भी उस इनसान ने फिल्में बनाईं और आनेवाली पीढ़ियों के लिए राह तैयार की। उनके पास न तो धन था, न कोई बीमा पॉलिसी थी। उन्होंने मेरी नानी के गहने बेच दिए और अपनी फिल्मों के लिए सबकुछ खरीदा। मेरी नानी और पूरे परिवार ने उनका भरपूर समर्थन किया।"

"इस लिहाज से पूरा फाल्के परिवार भारतीय सिनेमा का पथ-प्रदर्शक रहा है। मेरी नानी ने उस दौर में मेरे नाना द्वारा उठाए हर कदम पर उनका समर्थन किया और वहीं दादासाहेब ने उनको अपनी सभी फिल्मों का हिस्सा बनाया। उन्होंने नानी को सिखाया कि किसी फिल्म को कैसे डेवलप और रोल किया जाता है और शूट कैसे किया जाता है। उस समय में कोई रिफ्लेक्टर नहीं होते थे और वे चिलचिलाती धूप में शूटिंग करते थे और इन सबके बीच मेरी नानी, मेरे नानाजी के समर्थन में चट्टान की तरह खड़ी रहीं।"

"मेरी नानी सरस्वतीबाई फाल्के को एक ऐसी महिला अचीवर कहा जा सकता है, जिन्होंने अपने ही तरीके से भारतीय सिनेमा में अपार योगदान दिया।"

"मेरे नाना न केवल एक महान् दूरदृष्टा थे, बल्कि एक महान् देशभक्त भी थे।"

उन्होंने एक घटना याद करते हुए बताया कि कैसे लंदन में अपनी कुछ फिल्मों के प्रदर्शन के बाद दादासाहेब को वहाँ काम करने का प्रस्ताव मिला। पुसालकर ने कहा, "लेकिन उन्होंने विनम्रता से यह कहते हुए उस प्रस्ताव को ठुकरा दिया कि उनके देश में सिनेमा अभी नवजात अवस्था में ही है और उसे उनकी ज्यादा जरूरत है।"

"सिनेमा के प्रति मेरे नाना के इसी समर्पण के कारण उन्हें कभी भी पैसा कमाने की चिंता नहीं हुई। हमारे नाना एक विशाल विरासत अपने पीछे छोड़कर गए हैं। उन्होंने हमारे लिए बहुत बड़ा निवेश किया। लोग आज खड़े होकर सम्मान व्यक्त कर रहे हैं, तालियाँ बजा रहे हैं और हम उसे ग्रहण कर

रहे हैं और सिर्फ उन्हीं के योगदानों की वजह से आज हमें इज्जत दी जा रही है और सम्मानित किया जा रहा है।"

"मेरे नाना अपने परिवार को बहुत प्यार देते थे और देखभाल करते थे, फिर भी वे अपने कार्यस्थल पर और घर में बहुत सख्ती से अनुशासित थे। अपनी फिल्मों को लेकर वे सबकुछ बहुत ही बारीकी से योजनाबद्ध करते थे। उन्होंने हमेशा यह माना कि कुछ भी सीखने की कोई उम्र नहीं होती, क्योंकि वे लगातार खुद को नई चीजें सीखने में व्यस्त रखते थे।"

"दादासाहेब न केवल फिल्म-निर्माण में अग्रणी थे, बल्कि विज्ञापन और प्रचार में भी, जिसमें उन्होंने हमेशा अभिनव तरीकों को अपनाया था। छात्र दर्शकों के लिए उनको विशेष चिंता होती थी और वे ज्यादा संख्या में महिलाओं को उनकी फिल्म देखने के लिए प्रोत्साहित करने के लिए विशेष पास दिया करते थे।"

"एक बार उन्होंने पुणे में एक थिएटर मालिक के साथ करार किया, जिसके थिएटर से पास ही एक आटा चक्की थी। जिसके तहत जो लोग भी टिकट खरीदते थे, उन्हें एक किलोग्राम आटा मुफ्त में दिया जाता था और जो लोग एक किलोग्राम आटा खरीदते थे उन्हें एक टिकट मुफ्त दिया जाता था।"

चंद्रशेखर पुसालकर दादासाहेब की बेटी वृंदा के बेटे हैं।

दादासाहेब फाल्के पुरस्कार

सिनेमा में वैसे तो अनेक सम्मानों की प्रतिवर्ष घोषणा की जाती है, लेकिन 'दादासाहेब फाल्के' सम्मान की घोषणा का सबको बेसब्री से इंतजार रहता है, क्योंकि यह सम्मान सिनेमा का सबसे महत्त्वपूर्ण सम्मान है, जिसे पाना हर सिनेकर्मी का सपना होता है।

सिनेमा में आजीवन योगदान के लिए साल 1969 में फाल्के के सम्मान में भारत सरकार द्वारा दादासाहेब फाल्के पुरस्कार स्थापित किया गया। 1969 से प्रतिवर्ष सिनेमा के क्षेत्र में महत्त्वपूर्ण योगदान के लिए दिए जा रहे इस सम्मान से वर्ष 2013 तक निम्नलिखित सिनेकर्मियों, जिनमें अभिनेता,

अभिनेत्री, संगीतकार, निर्देशक, गायक, गायिका, सिनेमैटोग्राफर, लेखक, निर्माता, गीतकार आदि को सम्मानित किया जा चुका है। सम्मानित विभूतियों के नाम इस प्रकार हैं—

1. देविका रानी, अभिनेत्री, हिंदी 1969
2. बीरेंद्रनाथ सरकार, निर्माता, बांग्ला 1970
3. पृथ्वीराज कपूर (मरणोपरांत), अभिनेता, हिंदी 1971
4. पंकज मलिक, संगीतकार, बांग्ला-हिंदी 1972
5. रूबी मेयर्स (सुलोचना), अभिनेत्री, हिंदी 1973
6. बोम्मीरेड्डी नरसिम्हा रेड्डी, निर्देशक तेलुगु 1974
7. धीरेंद्रनाथ गांगुली, अभिनेता, निर्देशक, बांग्ला 1975
8. कानन देवी, अभिनेत्री, बांग्ला 1976
9. नितिन बोस, छायाकार-निर्देशक-लेखक, बांग्ला-हिंदी 1977
10. रायचंद बोराल संगीतकार, निर्देशक, बांग्ला, हिंदी 1978
11. सोहराब मोदी, अभिनेता-निर्देशक-निर्माता, हिंदी 1979
12. पी. जयराज, अभिनेता-निर्देशक, हिंदी-तेलुगु 1980
13. नौशाद अली, संगीतकार, हिंदी 1981
14. एल.वी. प्रसाद, अभिनेता-निर्माता-निर्देशक, तेलुगु-तमिल-हिंदी 1982
15. दुर्गा खोटे, अभिनेत्री, हिंदी-मराठी 1983
16. सत्यजीत रे, निर्देशक, बांग्ला 1984
17. वी. शांताराम, अभिनेता-निर्माता-निर्देशक, हिंदी-मराठी 1985
18. बी. नागि रेड्डी, निर्माता, तेलुगु 1986
19. राज कपूर, अभिनेता-निर्देशक, हिंदी 1987
20. अशोक कुमार, अभिनेता, हिंदी 1988
21. लता मंगेशकर, पार्श्वगायिका, हिंदी-मराठी 1989

22. अक्किननी नागेश्वर राव, अभिनेता, तेलुगु 1990
23. भालजी पेंढारकर, निर्देशक-निर्माता-लेखक, मराठी 1991
24. भूपेन हजारिका, पार्श्वगायक, असमी 1992
25. मजरूह सुल्तानपुरी, गीतकार, हिंदी 1993
26. दिलीप कुमार, अभिनेता, हिंदी 1994
27. डॉ. राजकुमार, अभिनेता, कन्नड़ 1995
28. शिवाजी गणेशन, अभिनेता, तमिल 1996
29. कवि प्रदीप, गीतकार, हिंदी 1997
30. बलदेव राज चोपड़ा, निर्माता-निर्देशक, हिंदी 1998
31. ऋषिकेश मुखर्जी, निर्देशक, हिंदी 1999
32. आशा भोसले, पार्श्वगायिका, हिंदी-मराठी 2000
33. यश चोपड़ा निर्माता-निर्देशक, हिंदी 2001
34. देव आनंद, अभिनेता, निर्माता-निर्देशक, हिंदी 2002
35. मृणाल सेन, निर्देशक, बांग्ला 2003
36. अडूर गोपालकृष्णन, निर्देशक, मलयाली 2004
37. श्याम बेनेगल, निर्देशक, हिंदी 2005
38. तपन सिन्हा, निर्देशक, बांग्ला-हिंदी 2006
39. मन्ना डे, गायक, बांग्ला-हिंदी 2007
40. वी.के. मूर्ति, छायाकार, हिंदी 2008
41. डी. रामानायडू, निर्माता-निर्देशक, तेलुगु 2009
42. के. बालाचंदर, निर्देशक, तमिल-तेलुगु 2010
43. सौमित्र चटर्जी, अभिनेता, बांग्ला 2011
44. प्राण, अभिनेता, हिंदी 2012
45. गुलजार, गीतकार, हिंदी 2013
46. शशि कपूर, अभिनेता, हिंदी 2014

47. मनोज कुमार, अभिनेता, हिंदी 2015
48. कसीनथुनी विश्वनाथ, निर्देशक, तेलुगु 2016
49. विनोद खन्ना (मरणोपरांत), अभिनेता, हिंदी 2017
50. अमिताभ बच्चन, अभिनेता, हिंदी 2018
51. रजनीकांत, अभिनेता, तमिल 2021
52. आशा पारेख, अभिनेत्री, हिंदी 2022
53. रेखा, अभिनेत्री, हिंदी 2023

डाक टिकट

सन् 1971 में दादासाहेब फाल्के के सम्मान में उन्हें याद करते हुए इंडिया पोस्ट द्वारा एक डाक टिकट जारी किया गया। भारतीय सिनेमा में आजीवन उपलब्धि के लिए दादासाहेब फाल्के अकादमी, मुंबई द्वारा एक मानद पुरस्कार वर्ष 2001 में शुरू किया गया।

□

फाल्के उवाच

फाल्के के विभिन्न कथन, जिनसे सिनेमा की उस समय की कठिनाइयों और भविष्य में उत्पन्न होनेवाली समस्याओं पर प्रकाश डाला गया है—

- अगर मैं हफ्ते में दो या तीन फिल्में प्रोड्यूस करता हूँ तो भी मुझे डिस्ट्रीब्यूटर मिलेंगे। वर्तमान में मेरे पास केवल एक ही फिल्म है। यह पहले ही मुंबई और सूरत में प्रदर्शित हो चुकी है। पुणे में स्क्रीनिंग समाप्त होने के बाद 'राजा हरिश्चंद्र' को कोलंबो, रंगून और फिर कलकत्ता में प्रदर्शित किया जाएगा। इनकी तिथियाँ भी निर्धारित हैं।
- अपने अभिनेताओं, अभिनेत्रियों, निदेशक और फोटोग्राफर इत्यादि को तकनीकी रूप से स्वयं मैंने प्रशिक्षित किया।
- अमेरिका, फ्रांस, जर्मनी और इंग्लैंड में फिल्में बनाई जाती हैं। एडीसन को सिनेमा उद्योग का अग्रणी माना जाता है। हालाँकि अमेरिका में काफी हद तक फिल्मों का निर्माण हुआ, लेकिन इसका श्रेय एडीसन को नहीं है। फ्रांस की पाथे कंपनी का उल्लेख विशेष रूप से किया जाना चाहिए। भारत में आयात होनेवाली

कई विदेशी फिल्में फ्रांस में बनती हैं। आज पूरी दुनिया में दिखाई जानेवाली पाठे फिल्मों की संख्या लगभग पचास हजार है।

- आज भी यही स्थिति है। ऐसा नहीं है कि कोई सुधार नहीं हुआ है, थोड़ा सुधार देखा जा सकता है। हालाँकि इस बिजनेस में पैसा लगानेवाले लोगों को यह भी नहीं पता होता है कि कौन सा कैमरा खरीदना है। वे इसे जानने का प्रयास भी नहीं करते।
- आजकल फिल्मों की गुणवत्ता पर कोई ध्यान नहीं देता। गुणवत्ता के बजाय, निर्माता अत्यधिक निर्माण पसंद करते हैं। यदि गुणवत्ता की इस प्रकार उपेक्षा की जाती है तो मुझे नहीं लगता कि उद्योग बेहतर दिन देखेगा।
- इस देश में फिल्म-निर्माण पर कुछ प्रतिबंध भी होना चाहिए।
- कमियों के बावजूद भारतीय फिल्में निश्चित रूप से लोकप्रिय हैं, लेकिन सच कहूँ तो मुझे लगता है कि हमें बेहतर फिल्में देनी चाहिए।
- कुछ फिल्मी लोग कहते हैं कि किसिंग सीन को काट देना चाहिए, फिर फिल्म कैसे लोकप्रिय होगी? तो मेरा कहना यह है कि और भी अच्छे सीन हैं, जो दर्शकों को पसंद आते हैं।
- तकनीक, मशीनरी और व्यावहारिक ज्ञान प्राप्त करने के लिए मैं विदेश गया। वहीं मिलना संभव था। मैं इसी उद्‌देश्य से इंग्लैंड गया। मशीनरी खरीदते समय मुझे बहुत सी बातें पता चलीं। प्रत्येक सेल्समैन ने विस्तार से और उचित सावधानी के साथ बताया कि मशीनरी का उपयोग कैसे किया जाता है। बहुत सारी मशीनरी थी। सबकुछ समझाने के बाद सेल्समैन मुझसे कहता, 'स्थायित्व, उपयोगिता और हैंडलिंग में आसानी के संबंध में यह इस प्रकार की किसी भी अन्य मशीनरी से बेहतर है। इसके अलावा, कीमत उचित है।'
- दीवारों पर लगे पोस्टर और फिल्मों के विज्ञापन में ये सब

आपत्तिजनक हैं। गले लगाने, रोमांस करने, किस करने आदि के दृश्यों पर पाबंदी होनी चाहिए।

- नासिक में कलाकारों का मेरा संगठन स्थायी रूप से कार्यरत है। मेरे कलाकार स्थायी कर्मचारी हैं। स्टाफ की संख्या लगभग पचहत्तर है।
- पर्याप्त लाभ कमाने के लिए एक फिल्म पर पच्चीस हजार से अधिक पैसा खर्च नहीं करना होगा। मैं दूसरों के बारे में नहीं जानता। मैं पच्चीस हजार में एक बेहतरीन फिल्म बना सकता हूँ।
- पहली फिल्म के लिए पूँजी जुटाने में ज्यादा मुश्किलों का सामना नहीं करना पड़ा। मुझे पूँजी मिल सकती है। यह मेरे लिए और इस स्वदेशी उद्योग के लिए एक अच्छा शगुन है।
- पानीपत की लड़ाई पर फिल्म बनाने में कोई खतरा है, मुझे ऐसा नहीं लगता। मराठा उस लड़ाई में अपनी हार नहीं देख पाएँगे। उन्हें यह पसंद नहीं आएगा। यह सच है और हालाँकि मराठों को कभी-कभी हार माननी पड़ी, लेकिन मुगलों को भी कभी-कभी धूल चाटनी पड़ी। उस विषय पर फिल्म बनाना खतरनाक है, मुझे ऐसा नहीं लगता। ऐसा करने से कोई दिक्कत नहीं होगी। हाँ, कुछ भावनात्मक प्रतिक्रियाएँ होंगी। वे फिल्म को चलने नहीं देंगे। वे फिल्म देखेंगे और जाते समय कहेंगे कि फिल्म बेकार थी।
- प्रेम दृश्यों को कम-से-कम रखा जाना चाहिए। कुछ परंपराएँ हैं, कुछ शिष्टाचार। जैसाकि मैं विदेश में था, मैं उन देशों की परंपराओं को जानता हूँ। लेकिन हमें आम दर्शकों के बारे में सोचना चाहिए।
- फिल्म-निर्माण के विभिन्न पहलुओं के बारे में जानकारी पाने के संबंध में मैं भाग्यशाली था। लंदन में किसी को भी फिल्म-निर्माण देखने की अनुमति नहीं थी, लेकिन लंदन के आसपास के एक प्रसिद्ध निर्माता के सौजन्य से मैं ऐसा कर सका। सिने-पीरियोडिकल बायोस्कोप के संपादक श्री केपबर्न ने मुझे इस संबंध

में प्रोत्साहित किया। हमारी पहली ही मुलाकात में उन्होंने मेरे बारे में बहुत अच्छी राय बनाई। उन्होंने एक निर्माता सेसिल हेपवर्थ को मुझे पूरा सहयोग देने के लिए फोन किया और इससे मुझे मौका मिला।

- फिल्में मनोरंजन का माध्यम हैं। इसके अलावा, वे जनता को शिक्षा प्रदान कर सकती हैं, ज्ञान फैलाने में मदद कर सकती हैं और लोगों को वास्तविक भारतीय संस्कृति से परिचित करा सकती हैं। उस उद्‌देश्य के लिए मेरे मन में कई विषय हैं।
- फिल्मों की माँग बहुत ज्यादा है। फिल्मों ने वाकई दर्शकों को मंत्रमुग्ध कर दिया है।
- फिल्मों की लोकप्रियता कुछ समय के लिए कम हो जाएगी या जो लोग अकसर फिल्में देखते हैं, वे ऐसी फिल्म से जरूर बोर हो जाएँगे। कुछ समय बाद ऐसा होना तय है।
- बच्चों के लिए स्पेशल फिल्में बननी चाहिए—यह आवश्यक है। फिल्में बच्चों पर प्रतिकूल प्रभाव डालती हैं—सभी नहीं, लेकिन कुछ फिल्में।
- भले ही शॉर्ट फिल्म का सब्जेक्ट अच्छा हो और इससे पैसे भी आएँ, हर कोई लंबी फिल्म चाहता है। मुझे लगता है कि लघु फिल्में लाभदायक होंगी। ये सिर्फ शहरों में ही नहीं, गाँवों में भी चलेंगी।
- भारत में फोटोग्राफी, अभिनय, पटकथा लेखन और परिदृश्य लेखन के विषयों को पढ़ाने की सुविधा प्रदान करनेवाला एक शैक्षणिक संस्थान शुरू किया जाना चाहिए।
- भारत में बननेवाली ज्यादातर फिल्मों में तकनीक और कलात्मकता का अभाव होता है। अभिनय अच्छा नहीं है और फोटोग्राफी बहुत खराब है। फोटोग्राफी की कला के बारे में कोई कुछ नहीं जानता।
- भारतीय फिल्में विदेशों में वैरायटी के तौर पर पसंद की जाएँगी।

उनमें भारतीय संस्कृति, परंपराओं, रोमांस आदि के बारे में जिज्ञासा होना लाजमी है।

- भारतीय फिल्मों की गुणवत्ता में सुधार होता है तो विदेशों से उनकी माँग बढ़ेगी। लेकिन वर्तमान में भारत में बननेवाली फिल्मों से ऐसी अपेक्षा रखना गलत होगा। हालाँकि अगर कोई बेहतरीन फिल्म बनती है तो विदेशों में दर्शकों को पसंद आएगी।
- मुंबई में फिल्म सेंसर बोर्ड होना चाहिए। बोर्ड में ऐसे सदस्य होने चाहिए, जो फिल्म उद्योग की पेचीदगियों को जानते हों।
- मुझे ऐसा नहीं लगता कि फिल्में दर्शकों को आहत करती हैं। फिर भी इतनी बड़ी संख्या में रोमांटिक फिल्में नहीं दिखानी चाहिए।
- सिनेमा उद्योग की शुरुआत में मुझे सबकुछ खुद करना था। अभिनय सिखाना, परिदृश्य लेखन, शूटिंग और यहाँ तक कि फिल्म की स्क्रीनिंग भी। भारत में 1911 तक सिनेमा उद्योग के बारे में कौन जानता था?
- मेरा इरादा वैज्ञानिक और शैक्षिक विषयों पर फिल्में बनाने का भी है। मेरे कलाकार सहायक सभी नौसिखिए हैं। अपनी फिल्म की गुणवत्ता पर विचार करने के बाद मुझे विश्वास है कि मैं विदेशी फिल्मों की गुणवत्ता के बराबर कला का निर्माण कर सकता हूँ और दर्शक ऐसी फिल्मों को पसंद करेंगे।
- मेरा मुख्यालय नासिक में है। ऑफिस मुंबई में है। नासिक का मौसम फोटोग्राफी के लिए काफी उपयुक्त है। दूसरे, नासिक के वातावरण में घने जंगल, ऐतिहासिक स्थल और नदियाँ हैं।
- मेरा लक्ष्य विविधता और कुछ विशेष प्रदान करना है। जहाँ तक वितरण का प्रश्न है, क्या एक लेखक का पुस्तक विक्रेता बनना उचित होगा? मेरे लिए अपनी फिल्मों का डिस्ट्रीब्यूटर बनना पूरी तरह गलत होगा। फिल्म-निर्माण की मेहनत और परेशानी की

सीमा इतनी विशाल है कि मेरा पूरा जीवन अकेले निर्माण के लिए अपर्याप्त होगा।

- मेरी निजी राय में मैं रोमांटिक सीन दिखाने के खिलाफ नहीं हूँ। मैं विदेशियों से परिचित हूँ। मैं उनका शिष्टाचार जानता हूँ। मुझे किस करने में कोई आपत्ति नहीं है। हालाँकि यह भी ध्यान में रखा जाना चाहिए कि जब बच्चे ऐसे दृश्य देखते हैं तो इसका उन पर अवांछनीय प्रभाव पड़ता है।
- अपनी फिल्मों का वितरण मैंने स्वयं किया।
- मेरे पास दो इंजन और दो डायनेमो हैं। मैं अपनी जरूरतों के लिए पर्याप्त बिजली का उत्पादन करता हूँ।
- मेरे यहाँ मस्टर पर 14 लड़कियाँ स्थायी सेवा में कार्यरत हैं।
- मैं एक साल में 12 से 14 तक फिल्में प्रोड्यूस करता हूँ? यानी महीने में लगभग एक। लेकिन मुझे यह खुद पसंद नहीं है। साल में सिर्फ तीन या चार फिल्में ही बननी चाहिए। उनमें से हर एक हर तरह से सर्वश्रेष्ठ होनी चाहिए।
- मैं विभिन्न विषयों पर फिल्में बनाना चाहता हूँ। वर्तमान में मैं पुराने संस्कृत नाटकों और वर्तमान मराठी नाटकों के आधार पर कुछ एपिसोड पर फिल्में बनाने का इरादा रखता हूँ। मैं चाहता हूँ कि मेरी फिल्में विभिन्न प्रांतों, त्योहारों, परंपराओं, पवित्र स्थानों, प्रथम श्रेणी के हास्य, पोशाक शैली आदि के धार्मिक अनुष्ठानों को चित्रित करें।
- मैं हमेशा विदेशी उन्नत तकनीकों का उपयोग कर रहा हूँ। इसके लिए मैं 'मूविंग पिक्चर्स', 'द बायोस्कोप' आदि पत्रिकाओं का ग्राहक हूँ। मैं उन्हें नियमित रूप से पढ़ता हूँ।
- मैंने आत्म-बलिदान से व्यवसाय शुरू किया।
- मैंने तालेगाँव ग्लास फैक्टरी जैसी कुछ औद्योगिक लघु शैक्षिक फिल्में बनाई हैं, जिन्हें दर्शकों ने खूब पसंद किया है। आजकल

निर्माता चाहते हैं कि फिल्में करीब आठ हजार फीट तक चलें। शॉर्ट फिल्मों में किसी की दिलचस्पी नहीं है।

- मैंने पंद्रह हजार की पूँजी के साथ उद्यम शुरू किया।
- मैंने लंदन में अपनी फिल्मों 'राजा हरिश्चंद्र', 'मोहिनी भस्मासुर' और 'सत्यवान सावित्री' का प्रदर्शन किया। वहाँ के अखबारों ने कमेंट किया, 'फाल्के की फिल्में तकनीकी रूप से बेहतरीन हैं।' लेकिन लंदन के बाजार पर कब्जा करने के लिए मेरे पास पर्याप्त पूँजी नहीं थी। वास्तव में मेरी फिल्मों की काफी माँग थी। उन्होंने 25 से 30 कॉपियाँ माँगी थीं। इसके बाद मैंने हिंदुस्तान फिल्म्स कंपनी की स्थापना की।
- यदि मुझमें फिल्म-निर्माण के लिए कलात्मक और तकनीकी प्रतिभा न होती और यदि मुझमें साहस और कुछ कर दिखाने की लगन न होती तो भारत में सन् 1913 में फिल्म उद्योग की स्थापना न हुई होती।
- यदि आप फिल्मों की गुणवत्ता में सुधार करना चाहते हैं तो आपको अधिक खर्च करना होगा। हालाँकि निर्माता वर्तमान में कितना भी पैसा खर्च करते हैं, वे फिल्मों की गुणवत्ता के बारे में काफी असंबद्ध हैं।
- यदि भारतीय जीवन में रोमांस को पश्चिमी शैली में परदे पर दिखाया जाता है तो दरअसल, भारतीय खुले में रोमांटिक हरकतें नहीं करते हैं। जो कुछ भी किया जाता है, वह जनता की नजर से परे होता है। अगर इसे खुलकर दिखाया जाएगा तो भारतीय इसे कैसे पसंद करेंगे? उस पर भी विचार किया जाना चाहिए।
- लंदन में 500 सिनेमाघर हैं। वहाँ फिल्मों के निर्माण का काम व्यवस्थित रूप से चलता है। बहुत कम संस्थान महँगी फिल्में बनाते हैं। एक बार एक फिल्म पूरी हो जाने के बाद माँग के अनुसार प्रतियाँ बनाई जाती हैं। एक प्रदर्शक को केवल एक

प्रोजेक्टर और बिजली उत्पादन के लिए एक छोटे जनरेटर की आवश्यकता होती है। वहाँ ऐसे प्रदर्शक हैं।

- सरकार को फिल्म उद्योग जगत् की मदद करनी चाहिए। इसके लिए एक बात कही जा सकती है कि सरकार को कुछ शर्तों पर कर्ज देना चाहिए। साथ ही रसायनों और कच्ची फिल्म पर कर कम किया जाना चाहिए।
- सिनेमाघरों की संख्या में वृद्धि की काफी गुंजाइश है। हालाँकि यह महत्त्वपूर्ण है कि फिल्मों की गुणवत्ता भी अच्छी होनी चाहिए।
- हमारी फिल्मों का सिर्फ भारतीय बाजार है। यदि हम ऐसी फिल्में बनाते हैं, जिन्हें विदेशों में भी सराहा जाएगा तो हमारे पास एक लाभदायक बाजार होगा। मुनाफा भी अधिक होगा।

□

फाल्के : जीवन के महत्त्वपूर्ण वर्ष

फाल्के एक पूर्णतावादी, समय के पाबंद, अनुशासित, देखभाल करनेवाले, प्यार करनेवाले और दयालु व्यक्ति थे और उन्होंने कभी भी क्षेत्र, धर्म और जाति के आधार पर लोगों के साथ भेदभाव नहीं किया। अपनी सफलता में उन्होंने हमेशा अपनी पत्नी सरस्वतीबाई फाल्के की भूमिका के महत्त्व पर प्रकाश डाला। उनके जीवन के महत्त्वपूर्ण वर्ष निम्नलिखित हैं—

सन् 1870 : एक मराठीभाषी चितपावन ब्राह्मण परिवार में नासिक जिले के त्र्यंबकेश्वर में 30 अप्रैल को जन्म। दादासाहेब फाल्के का वास्तविक उपनाम 'भट' था।

सन् 1885 : मुंबई के मराठा हाई स्कूल में मैट्रिक तक की शिक्षा।

सन् 1886 : जे.जे. स्कूल ऑफ आर्ट की प्रथम श्रेणी की परीक्षा उत्तीर्ण की। मराठे परिवार की लड़की से शादी।

सन् 1886-89 : बड़ौदा में प्रो. गज्जर के कला भवन में ड्राइंग, पेंटिंग, मॉडलिंग और फोटोग्राफी का अध्ययन। उन्होंने ड्राइंग, पेंटिंग, मॉडल मेकिंग, ड्रामेटिक्स, फोटोग्राफी और प्रिंटिंग जैसी विभिन्न प्रकार की कलाओं को सीखा और महारत हासिल की।

सन् 1890 : छात्रवृत्ति के पैसे से एक कैमरा खरीदा।

सन् 1891 : रतलाम राज्य के पी. बाबूराव वालावलकर के मार्गदर्शन में हाफ टोन ब्लॉक बनाने, फोटोलिथो प्रेस पर तिरंगा छपाई और सिरेमिक फोटोग्राफी का ज्ञान प्राप्त किया।

सन् 1892 : अनुभव प्राप्त करने के लिए प्रो. गज्जर द्वारा अपने प्रभार में दिए गए कला भवन स्टूडियो में कुछ समय के लिए काम किया। उन्होंने फ्रीलांस फोटोग्राफी की और गोधरा में एक फोटो स्टूडियो भी था।

सन् 1900 : प्लेग महामारी में पहली पत्नी की मृत्यु। गोधरा में काम बंद।

सन् 1901 : बड़ौदा में एक जर्मन जादूगर से विभिन्न ट्रिकों में प्रशिक्षण। 'प्रो. केल्फा' नाम से सार्वजनिक जादू शो आयोजित किए।

सन् 1902 : शंकर वासुदेव करंदीकर की बेटी सरस्वती के साथ बड़ौदा में दूसरी शादी।

सन् 1902-05 : भारत सरकार के पुरातत्त्व विभाग में ड्राफ्ट्समैन के रूप में तीन सन् तक कार्य। भूमिगत प्राचीन शहरों की तसवीरें खींचने और स्केचिंग के लिए पूरे भारत में भ्रमण। कई प्राचीन मूर्तियाँ देखने को मिलीं।

सन् 1906-08 : बंगाल के विभाजन के खिलाफ आंदोलन और लोनावाला में 'फाल्के की कला और मुद्रण कार्य' के नाम और शैली के तहत स्वतंत्र व्यवसाय की शुरुआत के कारण सरकारी सेवा से इस्तीफा।

सन् 1909 : सेठ पुरुषोत्तम विश्राम मावजी, एक फाइनेंसर ने व्यवसाय के विस्तार के लिए पूँजी प्रदान की। समझौते के अनुसार, 'फाल्के के आर्ट एंड प्रिंटिंग वर्क्स' ने अपना नाम बदलकर 'लक्ष्मी आर्ट प्रिंटिंग वर्क्स' कर लिया और यह एक साझेदारी व्यवसाय बन गया। रंगीन छपाई के लिए मशीनरी खरीदने और तकनीकी जानकारी प्राप्त करने के लिए जर्मनी के लिए प्रस्थान। बदले में दिन-रात काम करने लगे। मराठी और गुजराती में एक बहुत ही कलात्मक, सचित्र पत्रिका, सुवर्णमाला की शुरुआत।

सन् 1910 : सिद्धांतों पर मतभेद के कारण कोई हिस्सा लिये बिना 'लक्ष्मी कला' को छोड़ दिया। फाल्के की अत्यधिक आवश्यकता को देखते हुए सेठजी ने उनसे व्यापार की बागडोर फिर से अपने हाथों में लेने का अनुरोध किया, लेकिन उन्होंने बिना किसी अनिश्चित शर्तों के मना कर दिया। प्रेस में अधिक काम करने के कारण आँखों पर जबरदस्त दबाव और आँखों की रोशनी चली गई। नेत्र शल्य चिकित्सक डॉ. प्रभाकर और सरस्वतीबाई की देखभाल ने दृष्टि वापस पाने में मदद की।

सन् 1911 : 15 अप्रैल को फिल्म 'लाइफ ऑफ क्राइस्ट' देखने पर अपनी खराब वित्तीय परिस्थितियों के बावजूद, सिनेमा उद्योग को स्वदेशी बनाने का दृढ़ संकल्प। उस उद्देश्य के लिए लगातार किए जा रहे प्रयोगों के कारण उसकी दृष्टि फिर से चली गई। डॉ. प्रभाकर ने अपना सर्वश्रेष्ठ प्रदर्शन किया और दादासाहेब की दृष्टि बहाल कर दी। ठीक होने के तुरंत बाद उन्होंने अपने लक्ष्य को प्राप्त करने के लिए अपने प्रयासों को फिर से शुरू किया।

सन् 1912 : यांत्रिक और तकनीकी ज्ञान प्राप्त करने और आवश्यक मशीनरी खरीदने के लिए 12,000 रुपए की जीवन बीमा पॉलिसी की सुरक्षा पर यशवंतराव नाडकर्णी से 10,000 रुपए का ऋण प्राप्त किया। 1 फरवरी को लंदन के लिए रवाना। पहली भारतीय बाल कलाकार मंदाकिनी का जन्म 3 फरवरी को हुआ। एक कैमरा, एक प्रिंटिंग मशीन, फिल्म के लिए एक पेड बनाने की मशीन और कुछ कच्ची फिल्म का ऑर्डर देकर लौटे। 1 अप्रैल को 'फाल्के फिल्म्स' की स्थापना। सारी मशीनरी और कच्ची फिल्म मई में बंबई बंदरगाह पहुँची। जून-जुलाई में, लघु फिल्म 'ग्रोथ ऑफ ए प्लांट' का सफल निर्माण उनके लिए पूँजी के प्रस्ताव लेकर आया।

सन् 1913 : असंख्य कठिनाइयों और दुर्भाग्य पर काबू पाने के बाद पहली भारतीय फिल्म 'राजा हरिश्चंद्र' को 3 मई को मुंबई के कोरोनेशन थिएटर में प्रदर्शित किया गया। एक थिएटर में लगातार 23 दिनों तक चली इस पहली भारतीय फिल्म ने रिकॉर्ड बनाया। सुविधा के लिए 'फाल्के फिल्म्स' 2 अक्तूबर को बंबई से नासिक स्थानांतरित हो गई।

सन् 1914 : 'मोहिनी भस्मासुर' 2 जनवरी को मुंबई के ओलंपिया थिएटर में प्रदर्शित हुई। कमलाबाई गोखले और दुर्गाबाई कामत—दो महिला कलाकार पहली बार भारतीय परदे पर देखी गईं। दादासाहेब की तीसरी फिल्म 'सत्यवान सावित्री' 6 जून को प्रदर्शित हुई। अपनी तीन फिल्मों के साथ 1 अगस्त को लंदन रवाना। उन्हें देखकर लंदन में सिनेमा समीक्षक और क्षेत्र के जानकार हैरान रह गए। इंग्लैंड में फिल्म-निर्माण के लिए स्थानीय निर्माताओं से आकर्षक प्रस्ताव प्राप्त हुए, लेकिन विनम्रता से उन सभी को अस्वीकार कर दिया। प्रथम विश्वयुद्ध शुरू हो गया था, भारत में इसके परिणामों के बारे में काल्पनिक भय ने वित्त की व्यवस्था करना असंभव बना दिया।

सन् 1917 : सबसे कठिन परिस्थितियों में ढाई सन् बिताने के बाद दादासाहेब ने सन् 19 सितंबर को 'लंका दहन' का प्रदर्शन किया। इस फिल्म की अभूतपूर्व सफलता के कारण भारत में सिनेमा उद्योग ने जड़ें जमा लीं। 'लंका दहन' पहली ब्लॉकबस्टर फिल्म थी। 'लंका दहन' में पहली बार भारतीय सिनेमा के इतिहास में दोहरी भूमिका की अवधारणा का परिचय दिया। दादासाहेब ने खूब पैसा कमाया, जो कर्ज चुकाने में खर्च हो गया। लोकमान्य तिलक और दादासाहेब खापर्डे ने उनके स्टूडियो का दौरा किया।

सन् 1918 : पाँच साझेदार के साथ 1 जनवरी को हिंदुस्तान फिल्म कंपनी का गठन। 24 अगस्त को 'श्रीकृष्ण जन्म' प्रस्तुत की गई।

सन् 1919 : 'कालिया मर्दन' में श्रीकृष्ण के रूप में मंदाकिनी फाल्के ने भूमिका की, 3 मई को प्रदर्शित। फिल्म काफी चर्चित रही। व्यापारी भागीदारों के साथ तीखे मतभेदों के कारण दादासाहेब ने वर्ष के अंत में कंपनी छोड़ दी और अपनी सेवानिवृत्ति की घोषणा की।

सन् 1920 : सपरिवार काशी प्रस्थान। यहाँ नाटक 'रंगभूमि' की पटकथा लिखी।

सन् 1921 : कोल्हापुर में बाबूराव पेंटर के साथ पहली भेंट।

सन् 1922 : रंगभूमि नाटक का मंचन मुंबई, पुणे और नासिक में किया गया, लेकिन यह पूरी तरह विफल रहा। दादासाहेब फिर कर्जदार हो गए।

सन् 1923 : हिंदुस्तान सिनेमा फिल्म कंपनी के भागीदारों के साथ सुलह और 1,000 रुपए प्रतिमाह के वेतन पर दादासाहेब की निदेशक, उत्पादन प्रमुख और तकनीकी सलाहकार के रूप में नियुक्ति।

सन् 1926 : सन् 18 जुलाई को कोल्हापुर में नाट्य सम्मेलन की अध्यक्षता।

सन् 1933 : 'फाल्के इनेमल वर्क्स' की स्थापना हुई। उनके उत्पादों को औद्योगिक प्रदर्शनी में पुरस्कार मिला।

सन् 1934 : मूक फिल्म 'सेतुबंधन' को ध्वनि के साथ प्रदर्शित किया गया।

सन् 1937 : दादासाहेब फाल्के द्वारा निर्देशित एकमात्र टॉकी 'गंगावतरण' 6 अगस्त को मुंबई के रॉयल ओपेरा हाउस में प्रदर्शित।

सन् 1938 : प्रभात फिल्म कंपनी से मिलनेवाली पेंशन पर गुजारा।

सन् 1939 : भारतीय सिनेमा की रजत जयंती मई में बंबई में मनाई गई। फाल्के मुख्य अतिथि। सिनेमा जगत् ने उन्हें कुछ नकदी प्रदान की। 25 दिसंबर को रेडियो पर फिल्म-निर्माताओं को संबोधित करते हुए महत्त्वपूर्ण सुझाव देते हुए एक भाषण।

सन् 1940 : मद्रास के सिने-निर्माताओं के आग्रह पर 23 जुलाई को अपनी पत्नी के साथ मद्रास का दौरा। कलकत्ता के इंडियन चैंबर ऑफ कॉमर्स का दौरा।

सन् 1942 : अपने घर 'हिंद सिने जनकाश्रम' में प्रवास। 'प्रभात' के विष्णुपंत दामले ने उनकी कहानी 'जापानी पंखा' को 2,000 रुपए में खरीदा।

सन् 1943 : मधुमेह और भूलने की बीमारी से पीड़ित।

सन् 1944 : फिल्म-निर्माण के लिए लाइसेंस के लिए 26 जनवरी को केंद्र सरकार को आवेदन। पुन: फिल्में बनाने की तीव्र इच्छा दिखाई। उनके आवेदन को खारिज करते हुए सरकार का जवाब 14 फरवरी को प्राप्त हुआ। 16 फरवरी को 74 साल की उम्र में नासिक में निधन।

□

दादासाहेब फाल्के की फिल्में

भारतीय फिल्म उद्योग के 'पितामह' दादासाहेब फाल्के ने सौ से अधिक फिल्मों का निर्माण किया। 1917 में हिंदुस्तान फिल्म कंपनी के बैनर तले दादासाहेब फाल्के ने 'लंका दहन' फिल्म का निर्माण तथा प्रदर्शन किया। इस सुपरहिट फिल्म से दादासाहेब देश भर में लोकप्रिय हो गए। कहते हैं कि 'लंका दहन' के प्रदर्शन से टिकट खिड़की पर इतनी आमदनी होती थी कि सिक्कों को बोरों में भरकर बैलगाड़ी पर लादकर दादासाहेब फाल्के के घर लाना पड़ता था।

दादासाहेब फाल्के का जीवन संघर्षों से भरा रहा है। वे हमेशा सिनेमा की बेहतरी को और आगे बढ़ाने के लिए प्रयासरत रहे। उन्होंने पूरा जीवन सिनेमा को समर्पित कर दिया। नीचे उनकी प्रमुख फिल्मों की सूची दी गई है।

'फाल्के फिल्म्स' के बैनर तले निर्मित फिल्में

(सभी मूक फिल्में)

1. राजा हरिश्चंद्र
2. मोहिनी भस्मासुर
3. सत्यवान सावित्री

4. सत्यवादी राजा हरिश्चंद्र
5. लंका दहन

हिंदुस्तान सिनेमा फिल्म कंपनी के बैनर तले निर्मित फिल्में

6. श्रीकृष्ण जन्म
7. कालिया मर्दन
8. संत नामदेव
9. जरासंध वध
10. महानंदा
11. बभ्रुवाहन
12. शिशुपाल वध
13. अश्वत्थामा
14. बुद्धदेव
15. गोरा कुंभार
16. गुरु द्रोणाचार्य
17. शारदा
18. राम-मारुति युद्ध
19. शिवाजी का आगरा से पलायन
20. नगर चुनाव
21. स्यमंतक मणि
22. हिडिंबा और बकासुर वध
23. काकासाहेब
24. अर्धचंद्र
25. सत्यभामा
26. संत एकनाथ
27. जानकी स्वयंवर

28. भक्त प्रह्लाद
29. बजाजी निंबालकर
30. रुक्मांगद मोहिनी
31. नल दमयंती
32. हनुमान जन्म
33. द्रौपदी चीरहरण
34. भक्त सुदामा
35. रुक्मिणी अपहरण
36. श्रीकृष्ण कूटनीति
37. परशुराम
38. भक्त दामाजी
39. मालविका अग्निमित्र
40. चंद्रहास
41. वसंतसेना
42. बातूनी बरतन
43. संत मीराबाई
44. कच देवयानी
45. मालती माधव
46. राम-रावण युद्ध
47. संत जनाबाई
48. शतमुखी रावण वध
49. राम राज्य विजय
50. सुदर्शन
51. कबीर कमाल
52. सेतुबंधन

कोल्हापुर सिनेटोन के बैनर तले निर्मित फिल्म

53. गंगावतरण (एकमात्र बोलती फिल्म)

फाल्के की लघु फिल्में

1. एक मटर के पौधे की वृद्धि
2. माचिस की तीलियों के साथ मजा
3. आटे के पंजे
4. गोदावरी नदी के दृश्य
5. धूम्रपान के 'मामले'
6. तालेगाँव की काँच की फैक्टरी
7. लक्ष्मी कालीन
8. संलग्न रस
9. सपनों का आनंद
10. प्रो. केल्फा का जादू शो
11. कार्तिक पूर्णिमा का पर्व
12. धंडल भटजी का गंगा स्नान
13. फिल्में कैसे बनती हैं
14. सिंहस्थ का महान् पर्व
15. गडगंजराव का सौभाग्य
16. अहमदाबाद कांग्रेस
17. पटवर्धन का शाही सरकस
18. गया में कांग्रेस का 37वाँ अधिवेशन
19. बोधगया के मनमोहक दृश्य
20. गणेश उत्सव
21. वेरुली की गुफा मूर्तियाँ
22. विलक्षण मूर्ति

23. अच्छी सजा
24. वादा तोड़ना
25. खंडाला घाटी
26. नासिक के मवेशी ताल
27. मिस मिलर का धार्मिक शुद्धीकरण
28. पुणे के मैदानी मर्दाना खेल
29. लोकमान्य तिलक के साथ एक सप्ताह
30. बिच्छू–डंक

□

सिनेमा का इतिहास और विकास

सिनेमैटोग्राफी एक स्क्रीन पर कई स्थिर फोटोग्राफिक चित्रों की रिकॉर्डिंग और बाद में तेजी से प्रक्षेपण द्वारा चलने के क्रम का भ्रम है। मूल रूप से 19वीं सदी के वैज्ञानिक प्रयास का एक उत्पाद, सिनेमा जन मनोरंजन और संचार का एक माध्यम बन गया है और आज यह अरबों रुपए का उद्योग है।

सिनेमा के आविष्कारक

किसी एक व्यक्ति ने सिनेमा का आविष्कार नहीं किया। हालाँकि साल 1891 में एडीसन कंपनी ने काइनेटोस्कोप के एक प्रोटोटाइप का सफलतापूर्वक प्रदर्शन किया, जिसने एक व्यक्ति को चलती तसवीरों के रूप में दिखाया।

पहला सार्वजनिक काइनेटोस्कोप प्रदर्शन साल 1893 में हुआ। साल 1894 तक काइनेटोस्कोप ने व्यावसायिक सफलता पा ली और दुनिया भर में इसके सार्वजनिक पार्लर स्थापित हो गए।

दर्शकों के लिए पैसा देकर चलती-फिरती तसवीरें पेश करनेवाले पहले व्यक्ति लुमियर बंधु थे, जो दिसंबर 1895 में पेरिस में थे। उन्होंने स्व-निर्मित

एक उपकरण का उपयोग किया, सिनेमैटोग्राफ, जो एक कैमरा था, एक प्रोजेक्टर और एक फिल्म प्रिंटर।

शुरुआती फिल्में

पहले फिल्में लंबाई में बहुत छोटी होती थीं, कभी-कभी केवल कुछ मिनट की या उससे कम। उन्हें मेले के मैदान, संगीत हॉल या कहीं भी एक स्क्रीन स्थापित करके एक कमरे में अँधेरा करके दिखाया जा सकता था। विषयों में स्थानीय दृश्य और गतिविधियाँ, विदेशी भूमि के दृश्य, लघु हास्य और समाचार योग्य कार्यक्रम शामिल होते थे।

फिल्मों के साथ व्याख्यान, संगीत और दर्शकों की बहुत सारी भागीदारी होती थी। यद्यपि उनमें समकालिक संवाद नहीं होते थे, लेकिन वे 'मूक' भी नहीं होती थीं, जैसाकि उन्हें कभी-कभी वर्णित किया जाता है।

फिल्म उद्योग का उदय

सन् 1914 तक देश-विदेश में कई फिल्म उद्योग स्थापित हो गए थे। इस समय यूरोप, रूस और स्कैंडिनेविया प्रमुख उद्योग थे; अमेरिका बहुत कम महत्त्वपूर्ण था। धीरे-धीरे फिल्में लंबी होती गईं और कहानी सुनाना या कथा प्रमुख रूप बन गए।

जैसे-जैसे फिल्मों से आमदनी बढ़ती गई, उनके आसपास जो उद्योग विकसित हुआ, वह उनके उत्पादन, वितरण और प्रदर्शन में अधिक पैसा लगाने के लिए तैयार हो गया, इसलिए बड़े स्टूडियो स्थापित किए गए और समर्पित सिनेमाघर बनाए गए। प्रथम विश्वयुद्ध ने यूरोप में फिल्म उद्योग को बहुत प्रभावित किया और अमेरिकी उद्योग के सापेक्ष इसका महत्त्व बढ़ गया।

सिनेमा के पहले 30 वर्षों में फिल्मों का औद्योगिक आधार मजबूत हुआ, इनमें कहानियाँ जुड़ने लगीं और नई-नई तकनीकों के समायोजन को स्थान मिला।

रंगीन बनाना

ब्लैक एंड व्हाइट फिल्मों में रंग सबसे पहले हाथ की रँगाई, टोनिंग और स्टेंसिलिंग के माध्यम से जोड़ा गया।

सन् 1906 तक रंग पृथक्करण के सिद्धांतों का उपयोग ब्रिटिश सिनेमा कलर प्रक्रिया के साथ तथाकथित 'प्राकृतिक रंग' चलती छवियों का निर्माण करने के लिए किया गया था, जिसे पहली बार सन् 1909 में जनता के सामने प्रस्तुत किया गया।

सिनेमा कलर का उपयोग मुख्य रूप से वृत्तचित्र (या 'वास्तविक') फिल्मों के लिए किया गया, जैसेकि 'महाकाव्य विद अवर किंग एंड क्वीन थ्रू इंडिया' (जिसे 'दिल्ली दरबार' के नाम से भी जाना जाता है), जो कुल मिलाकर दो घंटे से अधिक समय का था।

सन् 1915 से शुरुआती टेक्नीकलर प्रक्रियाएँ बोझिल और महँगी थीं और सन् 1932 में इसकी तीन रंगी प्रक्रिया की शुरुआत तक रंग का अधिक व्यापक रूप से उपयोग नहीं किया गया था। इसका इस्तेमाल हॉलीवुड में 'गॉन विद द विंड' और 'द विजार्ड ऑफ ओज' (दोनों 1939) और यू.के. में 'ए मैटर ऑफ लाइफ एंड डेथ' (1946) जैसी फिल्मों के लिए किया गया था।

ध्वनि जोड़ना

फोनोग्राफिक सिलेंडर या डिस्क का उपयोग किए गए अनुमानित चित्रों में सिंक्रनाइज ध्वनि जोड़ने का पहला प्रयास।

सिंक्रोनाइज्ड डायलॉग को शामिल करनेवाली पहली फीचर-लेंथ फिल्म 'द जैज सिंगर' (यू.एस.ए., 1927) ने वार्नर ब्रदर्स के वीटाफोन सिस्टम का इस्तेमाल किया, जिसने ध्वनि के लिए फिल्म की प्रत्येक रील के साथ एक अलग रिकॉर्ड डिस्क का इस्तेमाल किया।

यह प्रणाली अविश्वसनीय साबित हुई और जल्द ही इसे फिल्म के किनारे पर फोटोग्राफिक रूप से रिकॉर्ड किए गए एक ऑप्टिकल, चर

घनत्व (वैरिएबल डेंसिटी) साउंडट्रैक द्वारा बदल दिया गया, जिसे मूल रूप से मूवीटोन जैसी न्यूजरील के लिए विकसित किया गया था।

सिनेमा का स्वर्ण युग

1930 के दशक की शुरुआत तक लगभग सभी फीचर-लेंथ फिल्मों को सिंक्रोनाइज्ड साउंड के साथ प्रस्तुत किया गया था और 1930 के दशक के मध्य तक कुछ पूरे रंग में भी थीं। ध्वनि के आगमन से सिनेमा में अमेरिकी उद्योग की प्रमुख भूमिका सुरक्षित हो गई और तथाकथित 'हॉलीवुड के स्वर्ण युग' का जन्म हुआ।

1930 और 1940 के दशक के दौरान सिनेमा लोकप्रिय मनोरंजन का प्रमुख रूप था, जिसमें लोग अकसर सप्ताह में दो बार सिनेमाघरों में जाते थे। अलंकृत 'सुपर' सिनेमा या 'पिक्चर पैलेस', जो कैफे और बॉलरूम जैसी अतिरिक्त सुविधाएँ प्रदान करते हैं, कस्बों और शहरों में आए; उनमें से कई एक सभागार में 3,000 से अधिक लोग बैठ सकते थे।

ब्रिटेन में सबसे अधिक उपस्थिति सन् 1946 में हुई, जिसमें प्रत्येक सप्ताह 3 करोड़ से अधिक लोग सिनेमा देखने जाते थे।

फिल्म का अनुपात

थॉमस एडीसन ने काइनेटोस्कोप में छेददार 35 एम.एम. की फिल्म का इस्तेमाल किया था और साल 1909 में इसे विश्वव्यापी उद्योग मानक के रूप में अपनाया गया। फिल्म की चौड़ाई और ऊँचाई का अनुपात 4:3 या 1.33:1 होता था।

ऑप्टिकल ध्वनि के आगमन के साथ पहलू अनुपात को 1.37:1 पर समायोजित कर दिया गया था। इसे 'अकादमी अनुपात' के रूप में जाना जाता है, क्योंकि इसे 1932 में 'अकेडमी ऑफ मोशन पिक्चर आर्ट्र्स एंड साइंसेज' (ऑस्कर जन) द्वारा आधिकारिक रूप से अनुमोदित किया गया था।

हालाँकि अन्य प्रारूपों के साथ कई प्रयोग हुए, 1950 के दशक तक स्क्रीन अनुपात में कोई बड़ा बदलाव नहीं हुआ।

सिनेमा बनाम टेलीविजन

अमेरिका में टेलीविजन की शुरुआत ने सिनेमा में जनहित को बनाए रखने के लिए डिजाइन किए गए कई तकनीकी प्रयोगों को प्रेरित किया।

सन् 1952 में सिनेरामा प्रक्रिया, जिसमें तीन प्रोजेक्टर और एक विस्तृत, गहरी घुमावदार स्क्रीन और मल्टी-ट्रैक सराउंड साउंड का उपयोग किया गया था, का प्रीमियर हुआ। इसमें 2.59:1 का एक बहुत बड़ा पाक्षिक अनुपात था, जिससे दर्शकों का जुड़ाव इसके प्रति और गहराया तथा यह बेहद लोकप्रिय साबित हुआ।

हालाँकि सिनेरामा तकनीकी रूप से जटिल था और इसलिए इसे बनाना और दिखाना महँगा था। साल 1953 में सिनेमास्कोप और साल 1955 में टोड-एओ के आविष्कार तक वाइडस्क्रीन सिनेमा को उद्योग द्वारा व्यापक रूप से नहीं अपनाया गया था। दोनों प्रक्रियाओं ने अपनी प्रस्तुति में एकल प्रोजेक्टर का उपयोग किया।

35 एम.एम. की फिल्म पर जब सिनेमास्कोप 'स्क्वीज्ड' इमेज प्रक्षेपित की जाती है तो उन्हें स्क्रीन पर फिट करने के लिए प्रोजेक्टर लेंस द्वारा बाद में विस्तारित किया जाता है। टॉड-एओ इसके लिए 70 एम.एम. की चौड़ाईवाली फिल्म का इस्तेमाल करता है। 1950 के दशक के अंत तक इन नवाचारों ने सिनेमा स्क्रीन के आकार को प्रभावी ढंग से बदल दिया था, जिसमें 2.35:1 या 1.66:1 के पाक्षिक अनुपात मानक बन गए थे। स्टीरियो साउंड, जिसे 1940 के दशक में प्रयोग किया गया था, वह भी नए वाइडस्क्रीन अनुभव का हिस्सा बन गया।

70 एम.एम. फिल्म का उपयोग करनेवाले विशेषज्ञ बड़े स्क्रीन सिस्टम भी विकसित किए गए। इनमें से सबसे सफल आईमैक्स रहा है, जिसकी साल 2020 तक दुनिया भर में 1,500 से अधिक स्क्रीन हैं। कई वर्षों से आईमैक्स सिनेमाघरों ने विशेष रूप से अपने अद्वितीय 2डी या 3डी स्वरूपों में बनाई गई फिल्में दिखाई हैं, लेकिन हाल ही में उन्होंने लोकप्रिय मुख्यधारा की फीचर फिल्में दिखाई हैं, जिन्हें अकसर अतिरिक्त दृश्यों या

3डी प्रभावों के साथ आईमैक्स प्रारूप में डिजिटल रूप से फिर से महारत हासिल हुई है।

सिनेमा में उपस्थिति के आँकड़े

जबकि सिनेमाघरों को टेलीविजन की प्रतिस्पर्धा से लड़ने में कुछ सफलता मिली, लेकिन उन्होंने 1930 और 40 के दशक में अपनी स्थिति और प्रभाव को फिर से हासिल नहीं किया और अगले 30 वर्षों में दर्शकों की संख्या कम हो गई।

आज अधिकांश लोग टेलीविजन पर फिल्में देखते हैं, चाहे टेरेस्ट्रियल, सैटेलाइट या सब्सक्रिप्शन वीडियो ऑन डिमांड (एस.वी.ओ.डी.) सेवाएँ। कंप्यूटर, टैबलेट और मोबाइल फोन पर फिल्म सामग्री को स्ट्रीम करना आम होता जा रहा है, क्योंकि यह आधुनिक दर्शकों और जीवन-शैली के लिए अधिक सुविधाजनक साबित होता है।

यद्यपि अमेरिका अभी भी सबसे प्रभावशाली फिल्म उद्योग प्रतीत होता है, वास्तविकता अधिक जटिल है। कई फिल्में अंतरराष्ट्रीय स्तर पर निर्मित होती हैं—या तो विभिन्न देशों में बनाई जाती हैं या बहुराष्ट्रीय कंपनियों द्वारा वित्तपोषित होती हैं।

भविष्य

पिछले 20 वर्षों में डिजिटल तकनीक में तेजी से सुधार के प्रभाव से फिल्म-निर्माण में गहरा बदलाव आया है। अधिकांश मुख्यधारा की प्रस्तुतियों को अब कंप्यूटर पर किए गए संपादन और विशेष प्रभावों जैसी बाद की प्रक्रियाओं के साथ डिजिटल स्वरूपों पर शूट किया जाता है।

सिनेमा ने डिजिटल प्रोजेक्शन सुविधाओं में निवेश किया है, जो स्क्रीन इमेज बनाने में सक्षम हैं, जो पारंपरिक फिल्म प्रोजेक्शन की तीक्ष्णता, विस्तार और चमक के प्रति प्रतिद्वंद्विता खड़ी करते हैं। केवल कुछ ही अधिक विशेषज्ञ सिनेमाघरों ने फिल्म प्रोजेक्शन उपकरण को बरकरार रखा है।

पिछले कुछ वर्षों में डिजिटल तकनीक की उपलब्धता के कारण 3डी सुविधाओं में रुचि का पुनरुद्धार हुआ है। क्या यह एक अल्पकालिक घटना से अधिक होगा (जैसाकि 1950 और 1980 के दशक में 3डी में पिछले प्रयास थे) देखा जाना बाकी है, हालाँकि 3डी उत्पादन की ओर रुझान में पहले की तुलना में अधिक निवेश और उद्योग की प्रतिबद्धता देखी गई है।

□

भारतीय सिनेमा का इतिहास और विकास

फाल्के द्वारा स्थापित आज भारतीय सिनेमा एक वैश्विक उद्यम है और पूरे दक्षिणी एशिया और पूरे यूरोप, उत्तरी अमेरिका, एशिया, ग्रेटर मध्य पूर्व, पूर्वी अफ्रीका, चीन और अन्य जगहों पर फिल्मों का निर्माण और प्रदर्शन 90 से अधिक देशों में करता है। विदेशों में लाखों लोग भारतीय फिल्में देखते हैं।

फिल्म उद्योग में प्रमुख भारतीय उद्यमों में ए.वी.एम. प्रोडक्शंस, सन पिक्चर्स, ए.जी.एस. एंटरटेनमेंट, गीता आर्ट्स, जी, मैथरी मूवी मेकर्स, यू.टी.वी., सुरेश प्रोडक्शंस, इरोज इंटरनेशनल, ऑस्कर फिल्म्स और यश राज फिल्म्स शामिल हैं।

भारत में आज सालाना 2000 से अधिक फिल्में बनती हैं। देश में फिल्म-निर्माण के प्रमुख केंद्रों में मुंबई, हैदराबाद, चेन्नई, कोलकाता, नई दिल्ली, अमृतसर, कोच्चि, बैंगलोर, भुवनेश्वर-कटक और गुवाहाटी शामिल हैं। सन् 2018 तक भारत वार्षिक फिल्म उत्पादन के मामले में पहले स्थान पर था। सन् 2019 में भारतीय सिनेमा का कुल राजस्व 2.7 बिलियन अमेरिकी डॉलर तक पहुँच गया।

भारतीय सिनेमा का इतिहास

भारतीय सिनेमा के इतिहास की जड़ें फिल्म युग की शुरुआत तक विस्तीर्ण हैं। सन् 1896 में लंदन में लुमियर और रॉबर्ट पॉल की चलती-फिरती तसवीरों की स्क्रीनिंग के बाद व्यावसायिक छायांकन एक विश्वव्यापी सनसनी बन गया और सन् 1896 के मध्य तक लुमियर और रॉबर्ट पॉल दोनों फिल्मों को बॉम्बे में दिखाया जा चुका था।

मूक फिल्मों का युग

सन् 1897 में प्रो. स्टीवेंसन की एक फिल्म को कलकत्ता के स्टार थिएटर में एक स्टेज शो में दिखाया गया। स्टीवेंसन के प्रोत्साहन और उनके कैमरे से एक भारतीय फोटोग्राफर हीरालाल सेन ने सन् 1898 में उस शो के दृश्यों की एक फिल्म बनाई, जिसका नाम था—'द फ्लावर ऑफ फारस'।

बॉम्बे के हैंगिंग गार्डन में सन् 1899 में एच.एस. भाटवडेकर द्वारा 'द रेसलर्स' एक कुश्ती मैच दिखाते हुए, एक भारतीय और पहली शूट की जानेवाली भारतीय वृत्तचित्र फिल्म थी।

भारत में रिलीज हुई पहली भारतीय फिल्म 'श्री पुंडलिक' थी, जो 18 मई, 1912 को कोरोनेशन सिनेमैटोग्राफ, बॉम्बे में दादासाहेब तोरणे द्वारा मराठी में बनी एक मूक फिल्म थी, क्योंकि यह एक नाटक की फोटोग्राफिक रिकॉर्डिंग थी और क्योंकि कैमरामैन जॉनसन नाम का एक ब्रिटिश व्यक्ति था और फिल्म को लंदन में प्रोसेस कराया गया था, अतः इसे पहली भारतीय फिल्म नहीं माना गया।

भारत में दूसरी पूर्ण लंबाईवाली मोशन पिक्चर 'राजा हरिश्चंद्र' दादासाहेब फाल्के द्वारा निर्मित की गई। फिल्म का केवल एक प्रिंट बनाया गया था, जिसे 3 मई, 1913 को कोरोनेशन सिनेमैटोग्राफ में दिखाया गया था। यह एक व्यावसायिक सफलता थी।

भारतीय कलाकार और फिल्मकार मछलीपट्टनम के रघुपति वेंकैया नायडू सन् 1909 में मद्रास में सिनेमाघरों के निर्माण और स्वामित्ववाले पहले

व्यक्ति थे। उन्हें तेलुगु सिनेमा के जनक के रूप में श्रेय दिया जाता है।

दक्षिण भारत में पहली तेलुगु और तमिल द्विभाषी फिल्म 'कालिदास' 31 अक्तूबर, 1931 को रिलीज की गई। नटराज मुदलियार ने मद्रास में दक्षिण भारत का पहला फिल्म स्टूडियो स्थापित किया।

बोलती (टॉकीज) फिल्मों का युग

अर्देशिर ईरानी ने 14 मार्च, 1931 को 'आलम आरा' पहली भारतीय टॉकी रिलीज की। ईरानी ने बाद में 31 अक्तूबर, 1931 को एच.एम. रेड्डी द्वारा निर्देशित पहली दक्षिण भारतीय टॉकी फिल्म 'कालिदास' रिलीज हुई। 'जुमाई षष्ठी' पहली बंगाली टॉकी फिल्म थी।

चित्तूर वी. नागैया, भारत के पहले बहुभाषी फिल्म अभिनेता, गायक, संगीतकार, निर्माता, निर्देशक थे।

सन् 1933 में ईस्ट इंडिया फिल्म कंपनी ने अपनी पहली तेलुगु फिल्म 'सावित्री' का निर्माण किया। 10 मार्च, 1935 को फिल्म निर्माता ज्योति प्रसाद अग्रवाल ने असमिया में अपनी पहली फिल्म 'जॉयमोती' बनाई। दक्षिण भारत में पहला फिल्म स्टूडियो, दुर्गा सिनेटोन सन् 1936 में आंध्र प्रदेश के राजमुंदरी में निदामर्थी सुरैया द्वारा बनाया गया था।

1930 के दशक में भारतीय सिनेमा में संगीत का उदय हुआ, जिसमें इंद्रसभा और देवी देवयानी जैसे संगीत शामिल थे, जिन्होंने भारतीय फिल्मों में गीत और नृत्य की शुरुआत की।

सन् 1935 तक मद्रास, कलकत्ता और बॉम्बे जैसे प्रमुख शहरों में स्टूडियो स्थापित हो गए। सन् 1937 में मोती बी. द्वारा निर्देशित 'किसन कन्हैया' भारत में बनी पहली रंगीन फिल्म रिलीज हुई। सन् 1940 की फिल्म 'विश्वमोहिनी' भारतीय फिल्म जगत् को चित्रित करनेवाली पहली भारतीय फिल्म है।

सन् 1934 में बॉम्बे टॉकीज की शुरुआत हुई और पुणे में प्रभात स्टूडियोज ने मराठी फिल्मों का निर्माण शुरू किया। प्रभात फिल्म कंपनी की

संत तुकाराम के जीवन पर आधारित सन् 1936 की फिल्म 'संत तुकाराम' वेनिस फिल्म महोत्सव के 1937 संस्करण में एक अंतरराष्ट्रीय फिल्म समारोह में प्रदर्शित होनेवाली पहली भारतीय फिल्म बनी। फिल्म को वर्ष की तीन सर्वश्रेष्ठ फिल्मों में से एक के रूप में आँका गया।

फिल्मों का स्वर्ण युग

1940 के दशक के अंत से 1960 के दशक के प्रारंभ तक की अवधि को फिल्म इतिहासकार भारतीय सिनेमा का स्वर्ण युग मानते हैं।

सत्यजीत रे को 20वीं सदी के महानतम फिल्म निर्माताओं में से एक माना जाता है। इस अवधि में मुख्य रूप से बंगालियों के नेतृत्व में समानांतर सिनेमा आंदोलन का उदय हुआ, जो तब भारत के फिल्म उत्पादन का एक-चौथाई हिस्सा था। आंदोलन ने सामाजिक यथार्थवाद पर जोर दिया। प्रारंभिक उदाहरणों में 'धरती के लाल' (1946, ख्वाजा अहमद अब्बास), 'नीचा नगर' (1946, चेतन आनंद), 'नागरिक' (1952, ऋत्विक घटक) और 'दो बीघा जमीन' (1953, बिमल रॉय) जैसी फिल्में शामिल हैं।

सत्यजीत रे की 'पाथेर पांचाली' (1955), 'अपराजितो' (1956) ने सभी प्रमुख अंतरराष्ट्रीय फिल्म समारोहों में प्रमुख पुरस्कार जीते और समानांतर सिनेमा आंदोलन को मजबूती से स्थापित किया।

व्यावसायिक हिंदी सिनेमा फलने-फूलने लगा और 'आवारा' (1951) और 'श्री 420' (1955 दोनों राज कपूर), 'प्यासा' (1957), 'मदर इंडिया' (1957, महबूब खान) और 'कागज के फूल' (1959, गुरु दत्त) जैसी सामाजिक सरोकार वाली फिल्में बनने लगीं।

'मधुमती' (1958, बिमल रॉय) ने पश्चिमी लोकप्रिय संस्कृति में पुनर्जन्म के विषय को लोकप्रिय बनाया।

शिवाजी गणेशन एक अंतरराष्ट्रीय पुरस्कार प्राप्त करनेवाले भारत के पहले अभिनेता बने, जब उन्होंने सन् 1960 में एफ्रो-एशियाई फिल्म समारोह में 'सर्वश्रेष्ठ अभिनेता' का पुरस्कार जीता और सन् 1995 में फ्रांस सरकार

द्वारा उन्हें लीजन ऑफ ऑनर में शेवेलियर की उपाधि से सम्मानित किया गया।

तमिल सिनेमा द्रविड़ राजनीति से प्रभावित है, जिसमें प्रमुख फिल्मी हस्तियाँ सी.एन. अन्नादुरई, एम.जी. रामचंद्रन, एम. करुणानिधि और जयललिता तमिलनाडु के मुख्यमंत्री बने।

हिंदी व्यावसायिक सिनेमा

'आराधना' (1969), 'सच्चा झूठा' (1970), 'हाथी मेरे साथी' (1971), 'आनंद' (1971), 'कटी पतंग' (1971), 'अमर प्रेम' (1972), 'दुश्मन' (1972) और 'दाग' (1973) जैसी फिल्मों के साथ हिंदी व्यावसायिक सिनेमा जारी रहा।

पटकथा लेखन जोड़ी सलीम-जावेद 1970 के दशक के भारत के स्थापित पटकथा लेखक माने जाते हैं। सन् 1970 से पूर्व के विषयगत ठहराव पर अटके सिनेमा को इस जोड़ी ने रफ्तार दी। उन्होंने 'जंजीर' (1973), 'दीवार' (1975), 'शोले' (1975), 'अमर अकबर एंथोनी' (1977, मनमोहन देसाई) जैसी फिल्मों के साथ वर्तमान भारत को प्रतिबिंबित करते हुए जनता के बीच बढ़ते असंतोष, मोहभंग, झुग्गियों की अभूतपूर्व वृद्धि, शहरी गरीबी, सामाजिक विषमता, भ्रष्टाचार, अपराध, हिंसा, बॉम्बे अंडरवर्ल्ड अपराध जैसे विषयों को लेकर फिल्मों की एक अपनी ही शैली—मसाला फिल्म—का निर्माण किया। इसी के साथ अमिताभ बच्चन 'एंग्री यंग मैन' के रूप में स्थापित हुए।

सलीम-जावेद ने 1970 और 1980 के दशक में अधिक सफल मसाला फिल्में लिखीं। मसाला फिल्मों ने अमिताभ बच्चन को उस दौर का सबसे बड़ा बॉलीवुड फिल्म स्टार बना दिया।

1980 के दशक में 'एक दूजे के लिए' (1981), 'डिस्को डांसर' (1982), 'हिम्मतवाला' (1983), 'तोहफा' (1984), 'नाम' (1986), 'मिस्टर इंडिया' (1987) और 'तेजाब' (1988) जैसी फिल्मों के साथ

व्यावसायिक हिंदी सिनेमा का विकास हुआ। 1986 तक भारत का वार्षिक फिल्म उत्पादन सालाना 741 फिल्मों से बढ़कर सालाना 833 फिल्मों तक पहुँच गया, जिससे भारत दुनिया का सबसे बड़ा फिल्म-निर्माता बन गया।

'डिस्को डांसर' (1982) ने भारतीय सिनेमा में डिस्को के युग की शुरुआत की और मुख्य अभिनेता के रूप में मिथुन चक्रवर्ती और संगीत निर्देशक के रूप में बप्पी लाहिड़ी का उदय हुआ। इस जोड़ी ने 80 के दशक की भारतीय मुख्यधारा की फिल्मों में एक साथ सबसे ज्यादा हिट फिल्में दीं।

इसके बाद यश चोपड़ा का संगीतमय रोमांस 'चाँदनी' (1989), श्रीदेवी अभिनीत, ने रोमांटिक संगीत शैली को फिर से जीवंत करने में महत्त्वपूर्ण भूमिका निभाई।

'मिस्टर इंडिया' (1987), 'कयामत से कयामत तक' (1988), 'चालबाज' (1989), 'मैंने प्यार किया' (1989), 'लम्हे' (1991), 'साजन' (1991), 'खुदा गवाह' (1992), 'खलनायक' (1993), 'डर' (1993), 'हम आपके हैं कौन' (1994), 'दिलवाले दुल्हनिया ले जाएँगे' (1995), 'दिल तो पागल है' (1997), 'प्यार किया तो डरना क्या' (1998) और 'कुछ-कुछ होता है' (1998) की रिलीज के साथ व्यावसायिक हिंदी सिनेमा के विकास को गति मिली।

1990 के दशक के बाद से तीन सबसे बड़े बॉलीवुड फिल्म सितारे 'तीन खान' रहे हैं—आमिर खान, शाहरुख खान और सलमान खान। संयुक्त रूप से उन्होंने शीर्ष दस सबसे ज्यादा कमाई करनेवाली बॉलीवुड फिल्मों में अभिनय किया। फोर्ब्स के अनुसार, आमिर खान 2017 तक 'विश्व के सबसे बड़े फिल्म स्टार' रहे। अन्य लोकप्रिय हिंदी सितारों में अक्षय कुमार, अजय देवगन, ऋतिक रोशन, अनिल कपूर, संजय दत्त, श्रीदेवी, माधुरी दीक्षित और काजोल शामिल हैं।

2000 और 2010 के दशक में रणबीर कपूर, रणवीर सिंह, वरुण धवन, सिद्धार्थ मल्होत्रा, सुशांत सिंह राजपूत, अर्जुन कपूर, आदित्य रॉय कपूर और टाइगर श्रॉफ जैसे लोकप्रिय अभिनेताओं के साथ-साथ विद्या बालन जैसी

अभिनेत्रियों की एक नई पीढ़ी का उदय हुआ।

प्रियंका चोपड़ा, कैटरीना कैफ, कंगना रनौत, दीपिका पादुकोण, सोनम कपूर, अनुष्का शर्मा, सोनाक्षी सिन्हा, जैकलीन फर्नांडीज, श्रद्धा कपूर, आलिया भट्ट, विद्या बालन इत्यादि अभिनेत्रियों ने व्यापक पहचान हासिल की है।

तेलुगु सिनेमा

1970 के दशक में तेलुगु सिनेमा ने समानांतर सिनेमा की फिल्मों का निर्माण किया। 2000 के दशक में तेलुगु फिल्म उद्योग में मसाला फिल्मों की अधिकतम वृद्धि देखी गई। फिल्मों में आइटम नंबर दिखाने का चलन 2020 तक बहुत आम हो गया।

तमिल सिनेमा

20वीं शताब्दी में 5,000 से अधिक तमिल फिल्मों का निर्माण किया गया। तमिल फिल्मों को अन्य भाषाओं में भी डब किया गया, इस प्रकार यह अधिक व्यापक दर्शकों तक पहुँचती है। तमिल सिनेमा ने बाद में भारत के अन्य फिल्म-निर्माण उद्योगों पर गहरा प्रभाव डाला, मद्रास (अब चेन्नई) को हिंदी सिनेमा, अन्य दक्षिण भारतीय फिल्म उद्योगों के साथ-साथ श्रीलंकाई सिनेमा के लिए एक माध्यमिक केंद्र के रूप में स्थापित किया। सन् 1991 में के.एस. सेतु माधवन द्वारा निर्देशित 'मारुपक्कम' सर्वश्रेष्ठ फीचर फिल्म के लिए राष्ट्रीय फिल्म पुरस्कार जीतनेवाली पहली तमिल फिल्म बनी। 'नायकन' (1987, कमल हासन) को 'टाइम' की सार्वकालिक 100 फिल्मों की सूची में शामिल किया गया।

कन्नड़ फिल्म 'संस्कार' (1970, पट्टाभिराम रेड्डी और सिंगितम श्रीनिवास राव) ने दक्षिण भारतीय सिनेमा में समानांतर सिनेमा आंदोलन का बीड़ा उठाया। 1980 के दशक और 1990 के दशक की शुरुआत को मलयालम सिनेमा का स्वर्ण युग कहा जाता है।

मलयालम फिल्म-निर्माण में अदूर गोपालकृष्णन, जी. अरविंदन, टी.वी.

चंद्रन और शाजी एन. करुण जैसे लोकप्रिय नाम शामिल हैं। गोपालकृष्णन को अकसर रे का आध्यात्मिक उत्तराधिकारी कहा जाता है। उन्होंने इस अवधि के दौरान अपनी कुछ सबसे प्रशंसित फिल्मों का निर्देशन किया, जिसमें 'एलीपथायम' (1981) शामिल है, जिसने लंदन फिल्म समारोह में सदरलैंड ट्रॉफी जीती।

मलयाली सिनेमा ने जयन की एक्शन फिल्मों के साथ लोकप्रियता हासिल करनी शुरू की, जो एक लोकप्रिय स्टंट अभिनेता ओर दक्षिण भारतीय सिनेमा के पहले एक्शन एडवेंचर सुपरस्टार थे, जिनकी हेलीकॉप्टर स्टंट करते समय मृत्यु हो गई।

पहली महिला सुपरस्टार

1980–1990 के दशक के दौरान श्रीदेवी सबसे सफल भारतीय अभिनेत्री बनीं। श्रीदेवी की व्यापक अखिल भारतीय अपील और दुर्लभ अभिनय के कारण उन्हें भारत के सबसे महान् और सबसे प्रभावशाली फिल्म सितारों में से एक माना जाता है और उन्हें 'भारतीय सिनेमा की पहली महिला सुपरस्टार' के रूप में उद्धृत किया जाता है।

अभिनेत्री श्रीदेवी, वैजयंतीमाला और हेमा मालिनी ने तमिल फिल्मों से शुरुआत की और बाद में बॉलीवुड में महिला सुपरस्टार बन गईं।

रजनीकांत को 'सुपरस्टार' के रूप में जाना जाता है। कमल हासन ने 1960 में 'कलाथुर कन्नम्मा' से पदार्पण किया, जिसके लिए उन्होंने सर्वश्रेष्ठ बाल अभिनेता के लिए राष्ट्रपति का स्वर्ण पदक जीता।

आधुनिक सिनेमा

हैदराबाद स्थित प्रसाद आईमैक्स थिएटर दुनिया की सबसे बड़ी 3डी–आईमैक्स स्क्रीन बनी और स्थानीय रामोजी फिल्म सिटी ने दुनिया के सबसे बड़े फिल्म स्टूडियो के रूप में गिनीज वर्ल्ड रिकॉर्ड बनाया। पी.वी.आर. सिनेमाज भारत की सबसे बड़ी सिनेमा श्रृंखलाओं में से एक है।

अकादमी पुरस्कारों में भारतीय सिनेमा को बार–बार पहचान मिली

है। भारतीय फिल्में 'मदर इंडिया' (1957), 'सलाम बॉम्बे' (1988) और 'लगान' (2001) को सर्वश्रेष्ठ विदेशी भाषा फिल्म के लिए अकादमी पुरस्कार के लिए नामांकित किया गया। भारतीय ऑस्कर विजेताओं में भानु अथैया (पोशाक डिजाइनर), रे (फिल्म निर्माता), ए.आर. रहमान (संगीतकार), रेसुल पुकुट्टी (ध्वनि संपादक) और गुलजार (गीतकार), कोट्टालांगो लियोन और राहुल ठक्कर विज्ञान-तकनीक पुरस्कार शामिल हैं।

संगीत भी फिल्म का एक अनिवार्य अंग है। प्रमुख फिल्म संगीत कंपनियाँ दिल्ली में टी सीरीज, चेन्नई में सोनी म्यूजिक इंडिया, मुंबई में जी म्यूजिक कंपनी, हैदराबाद में आदित्य म्यूजिक और कोलकाता में सारेगामा हैं। भारतीय संगीत निर्देशक ए.आर. रहमान को वैश्विक पहचान मिली है और उन्होंने दो अकादमी पुरस्कार जीते हैं। मोहम्मद रफी, किशोर कुमार, लता मंगेशकर, के.जे. येसुदास, पी. सुशीला, एस. जानकी, आशा भोसले, के.एस. चित्रा, कुमार शानू, उदित नारायण और एस.पी. बालासुब्रमण्यम जैसे पार्श्व गायकों में शुमार हैं।

आज भारतीय फिल्म उद्योग विश्व का सुपरिचित और स्थापित उद्यम है। ए.वी.एम. प्रोडक्शंस भारत का सबसे पुराना कार्यरत स्टूडियो है। ए.वी.एम. प्रोडक्शंस की स्थापना सन् 1945 में ए.वी. मयप्पन द्वारा वडापलानी, चेन्नई में की गई। इसने तमिल, तेलुगु, कन्नड़, मलयालम और हिंदी सिनेमा में 380 से अधिक फिल्मों का निर्माण किया है। अन्य प्रमुख प्रोडक्शन हाउस में यश राज फिल्म्स, टी सीरीज, सन पिक्चर्स, रेड चिलीज एंटरटेनमेंट, धर्मा प्रोडक्शंस, इरोज इंटरनेशनल, अजय देवगन एफफिल्म्स, बालाजी मोशन पिक्चर्स, यू.टी.वी. मोशन पिक्चर्स, राज कमल फिल्म्स इंटरनेशनल, होम्बले फिल्म्स, आशीर्वाद सिनेमाज, वंडरबार फिल्म्स, हरिओम एंटरटेनमेंट और गीता आर्ट्स शामिल हैं।

□

उपसंहार

आज फिल्म-निर्माण की कला एक बिल्कुल नए रूप में हमारे समक्ष उपस्थित है, चाहे वह फिल्मों की विषय-वस्तु हो, संगीत हो, फिल्मांकन हो, तकनीकी, वितरण पद्धति हो या प्रचार के तरीके। हर क्षेत्र में एक नया पक्ष है, कुछ ऐसा, जो शुरुआती दौर में किसी स्वप्न से कम न था। तकनीक ऐसी कि हर किसी को दाँतों तले उँगली दबाने पर मजबूर कर दे, चाहे वह फिल्म 'रोबोट' में नायक का पीछा करते हुए मशीनी मानव का अलग-अलग छद्म रूप धारण करना हो या फिल्म 'रा-वन' में मशीनी मानव बने नायक शाहरुख खान का बुलेट की रफ्तार से भागती ट्रेन पर दौड़ना, रोहित शेट्टी की फिल्मों में गाड़ियों को हवा में लहराते हुए नायक के सिर के ऊपर से निकल जाना हो या 'जिंदगी न मिलेगी दोबारा' की समुद्र में स्कूबा डाइविंग, तकनीकी ने सबकुछ बदल दिया है। बहरहाल ये सभी कदम स्वागत-योग्य हैं। परंतु फिर भी एक ऐसा तथ्य है, जो इन सारी ख़ूबियों के बावजूद वर्तमान सिनेमा को प्रारंभिक दौर के सिनेमा के समक्ष बौना सिद्ध कर रहा है।

तकनीकी रूप से आज के फिल्मकारों से काफी पीछे दादासाहेब दर्शकों के इस स्वभाव से भलीभाँति परिचित थे। वे अच्छी तरह जानते थे कि संस्कार तथा धार्मिक भावनाओं की जड़ें भारतीयों के हृदय में काफी गहरी हैं। वे इस

तथ्य को पूर्णतः मानते थे कि समाज भले ही कितना भी भौतिकवादी और अवसरवादी हो जाए, मशीनी युग के प्रभाव से धर्म का बाहरी रूप कितना भी बदल जाए, परंतु यथार्थ में एक आम आदमी का विश्वास कभी शिथिल नहीं होगा।

29 वर्षों में दादासाहेब ने 100 से अधिक फिल्मों का निर्माण किया। परंतु उनकी हर फिल्म दर्शकों की सामाजिक तथा धार्मिक अवधारणा को संतुष्ट करती है। यहाँ तक कि जब दादासाहेब अपनी फिल्म यात्रा के दौरान असफलता के दौर से गुजर रहे थे और उनके समकालीन फिल्मकार अपनी फिल्मों में अभद्र दृश्यों का समावेश कर सफलता के घोड़े पर सवार शोहरत की बुलंदियों को छू रहे थे, तब भी दादासाहेब ने अपने आदर्शों तथा मान्यताओं को कभी दाँव पर नहीं रखा। उनके जिंदा रहते फिल्मी दुनिया के लोग उन्हें भूल गए, इसका दुःख उन्हें जीवन के अंत तक रहा।

विपरीत परिस्थितियों में भी फाल्के और उनका परिवार फिल्म-निर्माण में एकजुट और समर्पित होकर आगे बढ़ता रहा। फाल्के की निष्ठावान यूनिट में करीब 500 लोग शामिल थे, जो आर्थिक संकट के वक्त आधे वेतन पर कार्य कर रहे थे। उनके लिए सरस्वतीबाई अकेले भोजन तैयार करतीं, कपड़े और कास्ट्यूम धोतीं तथा बाद में खुद फिल्म-निर्माण के कार्य में दादासाहेब की मदद करतीं।

सरस्वतीबाई दादासाहेब की मदद तो हमेशा करती थीं, लेकिन कैमरे के पीछे रहकर। अपने परिवार और निष्ठावान टीम के सहयोग से फाल्के ने युद्धकाल में ही 'लंका दहन' फिल्म का निर्माण किया। इस फिल्म ने बॉक्स ऑफिस पर सफलता के नए आयाम स्थापित किए।

इसी फिल्म में अन्ना सालुंके ने राम और सीता दोनों का चरित्र निभाया। सालुंके की फिल्म के सेट पर ही हर छह घंटे बाद दाढ़ी बनाने के लिए नाई तैनात रहता था। इस मामले में दादा की दृष्टि बड़ी सूक्ष्म थी। इस फिल्म की सफलता के पश्चात् दादासाहेब एक बार पुनः कामयाबी और प्रसिद्धि के शिखर पर पहुँच गए। कहते हैं कि इस पौराणिक फिल्म का ऐसा असर था

कि जब–जब अभिनेता श्रीराम की भूमिका में परदे पर दृष्टिगोचर होता, तब–तब दर्शक श्रद्धावश अपने पैरों से जूते निकालकर अलग रख देते।

शुरुआती दौर में, जहाँ धार्मिक फिल्मों का प्रभुत्व था, वहीं अब दूसरे विषयों पर निर्मित फिल्में सिनेमा में हावी होने लगी थीं। नए–नए फिल्मकार फिल्म–निर्माण के क्षेत्र में उतर चुके थे तथा उनके द्वारा बनाई गई सामाजिक एवं ऐतिहासिक फिल्में दर्शकों को खूब रास आ रही थीं। फाल्के अपनी ही बनाई दुनिया में खुद को अजनबी–सा महसूस कर रहे थे। विपरीत परिस्थितियों और ढलती उम्र के बावजूद फाल्के ने एक बार फिर हिम्मत की और खुद को चुनौतियों के लिए तैयार किया। उन्होंने फिल्म–निर्माण से बहुत आर्थिक लाभ कमाया, परंतु सारी पूँजी वे वापस फिल्मों में ही लगा देते।

14 मार्च, 1931 को सिनेमा को आवाज मिली और मूक फिल्मों का दौर पीछे छूट गया। 1931 में ही दादासाहेब की अंतिम मूक फिल्म 'सेतुबंधन' आई, परंतु अब सिनेमा को आवाज मिल चुकी थी, इस कारण 'सेतुबंधन' में आवाज डालकर (डबिंग) पुनः रिलीज किया गया।

लगभग सवा सौ फिल्में बनाकर भी दादासाहेब की जमा–पूँजी में टका भी न था, इसलिए उन्हें आजीविका अर्जित करने के लिए निर्देशक के रूप में नौकरी करनी पड़ी। निर्देशक के रूप में 'गंगावतरण' दादासाहेब की पहली सवाक् फिल्म थी और साथ ही यह उनकी बनाई अंतिम फिल्म भी साबित हुई। बिगड़ते स्वास्थ्य ने उन्हें फिल्म–निर्माण से विमुख कर दिया।

दादासाहेब ने हमेशा आम लोगों के लिए फिल्में बनाईं, शायद इसलिए उनकी हर फिल्म वास्तविकता, सामाजिक तथा धार्मिकता के धरातल पर आधारित थी। परंतु इसके विपरीत आज के फिल्मकार फिल्मों का निर्माण उन कुछ मुट्ठी भर लोगों के लिए करते हैं, जिनकी पहुँच मल्टीप्लेक्सों तक सीमित है। फिल्म–निर्माण के जरिए धन एकत्र करने की अपनी असीमित लालसा के चलते आज के फिल्मकार समाज से कटते चले जा रहे हैं। अपने सामाजिक दायित्वों तथा मूल्यों की अनदेखी कर ये फिल्मकार धन कमाने की होड़ में लगे हुए हैं।

व्यावसायिकता तथा भूमंडलीकरण के आगमन ने आग में घी डालने का काम किया। भूमंडलीकरण ने इन फिल्मकारों को मौका दिया कि वे अपनी फिल्में दुनिया के दूसरे छोर पर प्रदर्शित कर सके। आज सिनेमा की गुणवत्ता का मूल्यांकन इस बात पर आधारित होता है कि रिलीज होते ही किस फिल्म ने कितनी कमाई की। मल्टीप्लेक्स संस्कृति ने इसे और अधिक प्रबलता प्रदान की है। समाज को आईना दिखाने के ध्येय से सिनेमा का निर्माण अब अतीत का विषय बन चुका है। महँगाई और आर्थिक मुश्किलों को झेलते आम लोगों का हाल सिनेमा द्वारा अब किसी भी कोण से परिभाषित नहीं होता। भूमंडलीकरण ने जिन विकृतियों को जन्म दिया है, सिनेमा ने उसे स्वीकृति देकर विज्ञापित किया है।

ये तथ्य सभी फिल्मी प्रेमियों के लिए निराशाजनक हैं। हम अपनी मूल संस्कृति तथा उद्देश्यों को विस्मृत कर सिर्फ विदेशी संस्कृति की अंधी नकल करने में मशगूल हैं। सामाजिक विसंगतियों को देखते हुए आज हमें सिनेमा के मूल उद्देश्य—सामाजिक दायित्वों को पुनः परिभाषित करने की आवश्यकता है।

निधन से कुछ समय पूर्व दादासाहेब फाल्के ने कहा था—"यदि मुझमें फिल्म-निर्माण के लिए कलात्मक और तकनीकी प्रतिभा न होती और यदि मुझमें साहस और कुछ कर दिखाने की लगन न होती तो भारत में 1913 में फिल्म उद्योग की स्थापना न हुई होती।"

चकाचौंध कर देनेवाली फिल्मी दुनिया का सर्जक 16 फरवरी, 1944 को नासिक में गुमनाम शख्स की तरह मर गया! और फिल्मी दुनिया की चकाचौंध बदस्तूर जारी रही!

□

साभार-संदर्भ

पुस्तक-लेखन हेतु विभिन्न सूचना-स्रोतों तथा व्यक्तिगत संपर्क के अतिरिक्त निम्नलिखित सूचना-स्रोतों द्वारा सहयोग लिया गया है, जिसके लिए लेखक द्वारा हार्दिक आभार।

1. https://hindi.oneindia.com/news/features/rajnikanth-dada-saheb-phalke-award-2021-know-about-dada-saheb-phalke
2. https://jivani.org/biography-of-dadasaheb-phalke-in-hindi-jivani
3. https://leverageedu.com/blog/hi/dadasaheb-phalke-ki-jivani/
4. https://testbook.com/blog/hi/list-of-dadasaheb-phalke-award-winners/
5. https://www.herzindagi.com/hindi/society-culture/some-lesser-known-facts-about-dadasaheb-phalke-award-article
6. https://yourstory.com/hindi/dadasaheb-phalke-award-indian-cinema/amp
7. www.ask.com
8. www.bollywoodhungama.com
9. www.bollywoodtrade.com

10. www.indianfilmtrade.com
11. www.movieindustrymarketing.com
12. www.raaga.com
13. www.the&numbers.com
14. www.timesofindia.indiatimes.com
15. www.wherelncity.com
16. www.wikipedia.org
17. गोल्डस्मिथ, मेलिसा यू.डी.; विल्सन, पैगे ए.; फोन्सेका, एंथनी जे (2016)। फिल्म पर संगीतकारों और बैंड का विश्वकोश। रोवमैन एंड लिटिलफील्ड पब्लिशर्स।
18. घोष, सांखयन (11 नवंबर, 2013)। 'फाइंडिंग फाल्के'। इंडियन एक्सप्रेस। 9 जुलाई, 2014 को संगृहीत।
19. चक्रवर्ती, सुमिता एस. (2011)। भारतीय लोकप्रिय सिनेमा में राष्ट्रीय पहचान, 1947–1987। टेक्सास विश्वविद्यालय प्रेस।
20. दादासाहेब फाल्के पुरस्कार विवरण। फिल्म समारोह निदेशालय। 14 अप्रैल, 2018 को संगृहीत।
21. दादासाहेब फाल्के। भारतीय सिनेमा के जनक—बापू वातवे, नेशनल बुक ट्रस्ट।
22. धरप, बी.वी. (1985)। भारतीय फिल्में। नेशनल फिल्म आर्काइव ऑफ इंडिया।
23. धीमान, कुलदीप। 'ग्रेट माइंड्स : दादासाहेब फाल्के' (1870–1944)। ट्रिब्यून (भारत)।
24. नरवेकर, संजीत; रघुवीर; सामंत, डी.बी. (1995)। मराठी सिनेमा : पूर्वव्यापी। महाराष्ट्र फिल्म, स्टेज और सांस्कृतिक विकास निगम पृष्ठ 18।
25. मजूमदार, नीपा (1 अक्तूबर, 2010)। वांटेड कल्चरल लेडीज ओनली : फीमेल स्टारडम एंड सिनेमा इन इंडिया, 1930–1950 का दशक। इलिनोइस विश्वविद्यालय प्रेस।

26. मनकेकर, पूर्णिमा (1999)। स्क्रीनिंग कल्चर, व्यूइंग पॉलिटिक्स : एन एथ्नोग्राफी ऑफ टेलीविजन, वुमनहुड एंड नेशन इन पोस्टकोलोनियल इंडिया। ड्यूक यूनिवर्सिटी प्रेस।
27. महमूद, हमीदुद्दीन (1974)। भारतीय सिनेमा का बहुरूपदर्शक। संबद्ध पूर्व-पश्चिम प्रेस।
28. राजाध्यक्ष और विलेमेन 1998, पृ. 177।
29. राजा हरिश्चंद्र—ट्रेलर-कास्ट-शो टाइम्स-न्यूयॉर्क टाइम्स.कॉम।
30. वेंकटेश्वरन, सी.एस. (7 दिसंबर, 2013)। 'फाल्के नामक किंवदंती'। हिंदू। मूल 11 दिसंबर, 2013 को संगृहीत।
31. साइबरटेक। 'हॉल ऑफ फेम : ट्रिब्यूट : दादासाहेब फाल्के'। नासिक.कॉम।
32. साक्षात्कार : सरस्वतीबाई धुंडीराज फाल्के। धनुर्धारी। नासिक। 16 फरवरी, 1946।
33. हरिश्चंद्रची फैक्टरी, ऑस्कर के लिए भारत की प्रविष्टि—टाइम्स ऑफ इंडिया। पी.टी.आई.।
34. नई दुनिया, फिल्म विशेषांक 1996।
35. आजकल, मासिक, जुलाई 2006।
36. एक सौ वर्षों की सचित्र कहानी, भारत में सिनेमा, नई दुनिया, फिल्म विशेषांक।
37. भारत, प्रकाशन विभाग, सूचना और प्रसारण मंत्रालय, भारत सरकार।
38. अहा जिंदगी (फिल्म विशेषांक)।
39. योजना, प्रकाशन विभाग, नई दिल्ली।
40. https://www.scienceandmediamuseum.org.uk

□□□

* 9 7 8 9 3 9 2 0 1 3 3 9 3 *

FCW - #0141 - 061026 - C0 - 216/140/9 - PB - 9789392013393 - Matt Lamination